Ödön von Horváth, geboren am 9. Dezember 1901 in Susak, starb am 1. Juni 1938 in Paris. Träger des Kleist-Preises 1931 und, laut Carl Zuckmayer, 1931 »die stärkste Begabung und, darüber hinaus, der hellste Kopf und die prägnanteste Persönlichkeit«, laut dem Berliner Star-Kritiker jener Jahre, Alfred Kerr, »eine stärkste Begabung unter den Jungen«, schien nach 1945 fast vergessen. Sein Gesamtwerk, das in knapp fünfzehn Jahren, etwa von 1922 bis etwa 1937 entstand, umfaßt neben lyrischen Versuchen, kleiner Prosa, zahlreichen Entwürfen und Fragmenten, drei Romane und achtzehn abgeschlossene Bühnenstücke, Umarbeitungen und Varianten nicht mitgezählt. Nach Horváths Wiederentdeckung in den 60er Jahren hat er mit seinen Werken eine Wirksamkeit erreicht, wie ihm nie zu Lebzeiten zuteil geworden ist und wie sie außer Brecht kein anderer deutscher Dramatiker unseres Jahrhunderts erfahren hat. Diese Wirkung ist nicht nur sichtbar in der Vielzahl der Inszenierungen seiner Stücke im In- und Ausland, sondern sie wird auch belegt durch den starken Einfluß, den Horváth auf die jungen deutschen Dramatiker der Gegenwart gehabt hat.

Zur Gesamtausgabe der Werke Ödön von Horváths im Suhrkamp Verlag (1970/71) erschien 1972 als suhrkamp taschenbuch ein Bildband mit den wichtigsten Zeugnissen zu Leben und Werk. Für das vorliegende insel taschenbuch wurde die Sammlung neu gesichtet und durch viele Bilder und Dokumente, zum Teil aus privatem Besitz, ergänzt und nach dem letzten Stand der Forschung datiert.

insel taschenbuch 237
Ödön von Horváth
Leben und Werk

Ödön von Horváth
Leben und Werk
in Daten und Bildern
Herausgegeben von
Traugott Krischke und
Hans F. Prokop
Insel Verlag

insel taschenbuch 237
1. Auflage 1977
Erstausgabe
© Insel Verlag Frankfurt am Main 1977
Alle Rechte vorbehalten
Der Abdruck von Horváth-Zitaten erfolgte mit
freundlicher Genehmigung des Suhrkamp Verlages
Vertrieb durch den Suhrkamp Taschenbuch Verlag
Typografie: Max Bartholl
Umschlag nach Entwürfen von Willy Fleckhaus.
Satz: Fotosatz Weihrauch, Würzburg.
Druck: Nomos Verlagsgesellschaft, Baden-Baden.
Printed in Germany

Inhalt

Autobiographische Notiz
(auf Bestellung)

Geboren bin ich am 9. Dezember 1901, und zwar in Fiume an der Adria, nachmittags um dreiviertelfünf (nach einer anderen Überlieferung um halbfünf). Als ich zweiunddreißig Pfund wog, verließ ich Fiume, trieb mich teils in Venedig und teils auf dem Balkan herum und erlebte allerhand, u. a. die Ermordung S.M. des Königs Alexanders von Serbien samt seiner Ehehälfte. Als ich 1,20 Meter hoch wurde, zog ich nach Budapest und lebte dort bis 1,21 Meter. War dortselbst ein eifriger Besucher zahlreicher Kinderspielplätze und fiel durch mein verträumtes und boshaftes Wesen unliebenswert auf. Bei einer ungefähren Höhe von 1,52 erwachte in mir der Eros, aber vorerst ohne mir irgendwelche besonderen Schererein zu bereiten – (meine Liebe zur Politik war damals bereits ziemlich vorhanden). Mein Interesse für Kunst, insbesondere für die schöne Literatur, regte sich relativ spät (bei einer Höhe von rund 1,70), aber erst ab 1,79 war es ein Drang, zwar kein unwiderstehlicher, jedoch immerhin. Als der Weltkrieg ausbrach, war ich bereits 1,67 und als er dann aufhörte bereits 1,80 (ich schoß im Krieg sehr rasch empor). Mit 1,69 hatte ich mein erstes ausgesprochen sexuelles Erlebnis – und heute, wo ich längst aufgehört habe zu wachsen (1,84), denke ich mit einer sanften Wehmut an jene ahnungsschwangeren Tage zurück. Heut geh ich ja nurmehr in die Breite – aber hierüber kann ich Ihnen noch nichts mitteilen, denn ich bin mir halt noch zu nah.

Bildteil

Eine typisch altösterreichisch-ungarische Mischung

1 Maria Hermine von Horváth (1882–1959)
geb. Prehnal, die Mutter Ödön von
Horváths.

2 Edmund Josef von Horváth (1874–1950),
der Vater Ödön von Horváths.
Der Stammbaum Ödön von Horváths weist
neben magyarischen Familien (Horváth und
Mikolcz väterlicherseits), kroatische Vorfahren (Familie Drásenović väterlicherseits), tschechische (Familien Přehnal und
Dvořak mütterlicherseits) auch deutsche
Vorfahren (Familien Querfeld und Fuchs
mütterlicherseits) auf und ließen Ödön von
Horváth sich selbst als »eine typisch altösterreichisch-ungarische Mischung«
bezeichnen.

Kraljevina: **Hrvatska-Slav.-Dalm.**
(Regnum):

Biskupija: **Senjska i Modruška.**
Diocesis:

Podpisani ovim svjedoči, da je u ...atici kršćenikah župe **sv. Jurja v. i. m. na Trsatu**

(Infrascriptus praesentibus fidem facio e... recognosco; quod inspecta Matricula Baptizatorum Paroch...

timam requisitionem i...

KRSTN
(TESTIMON

Tekući broj	Godina, mjesec i dan. *(Annus, mensis, dies)*		Krštenoga (Baptisati)		ime, prezime
(Nrus currens)	narodjenja *nativitatis*	krštenja *(col. s.) baptismalis*	ime *(nomen)*	zakonit? ili nezakonit? *(legitimus vel illegitimus?)*	*(nomen, cognu... conditi...*
223.	1901. 9. XII prosinca.	28.	Edmund, Josip.	zakonit.	

Da je to sve tako nadjeno, i ... nazočni krstni list točno prepisano, podpisani vlastoručni...
(Super quibus sic adrepertis... ... e isthuc genuine transcriptis has propriae manus subscripe...

TRSAT, dne   2...

LIST
BAPTISMI)

8.   305
u svez........... str. .... sliedeće našao, te na pravedni zahtjev točno ovamo prepisao.

*Georgii m. et m. Tersacti signanter Tomo........... pag. .... sequentia repererim, ac ad legi-
edigne transtulerim).*

i t e i j a		Kumovom ime, prezime, stališ	Krstitelju ime, prezime, služba	O p a z k e
(arentum)				
vjera *(religio)*	mjesto obitavanja i kućni broj *(locus domicilii et nus dom.)*	*(Patrinorum nomen, cognomen et conditio)*	*(Baptisantis nomen, cagnomen officium)*	*(Observationes)*
rk.	Jurać	Josip Orehmal, seeman a. u. trant Marija Orehmal,	Kr. notar, kapelan	

m i županim pečatom svjedoči.
officiosi parochialis sigili appressione munitas extrado litte as Baptismales).

VI.   190 8.

3 Am 23. Dezember 1901 wurde das erste Kind des Ehepaars Horváth
in Susak auf den Namen Edmund Josíp getauft. Seine Eltern nannten
ihn Ödön.

4 Susak, ein Vorort von Fiume, wo Ödön von Horváth geboren wurde.
1901 unterstand Fiume, das heutige Rijeka, unmittelbar der
ungarischen Regierung.
5 Ödön von Horváth im Alter von drei Jahren. Die Aufnahme entstand
in Belgrad, wo die Familie seit 1902 wohnte.

7 Ödön von Horváth und sein Bruder Lajos, der 1903 in Belgrad geboren wurde.
6 Ödön von Horváth (1906).

8 Die Familie Horváth wohnte in den Jahren 1902 bis 1908 gegenüber dem Konak, dem serbischen Königsschloß.
9 Dr. Edmund von Horváth, Attaché an der k.u.k. österreichischungarischen Gesandtschaft in Belgrad, wurde 1908 nach Budapest versetzt.

10 Budapest.

törzslapszám.

A tanuló törzslapja.

A tanuló neve: *Horváth Ödön*

Születésének helye (község, megye): *Trsat Horvátors.*

„   éve, hónapja és napja: *1901. dec. 9én.*

Vallása: *róm. kath.* Anyanyelve: *magyar*

Minő nyelveket beszél még: *—*

Beoltatott-e? *igen* Újraoltatott-e? *nem*

Állott-e ki valóságos himlőt? *—*

Tandíjfizető-e? *igen*

Szülője vagy
helyettesének*

{ neve: *H. Ödön*
{ foglalkozása: *min. titkár*
{ lakása: *Damjanich, u. 52.*

Esetleges lakásváltozások: ....

....

....

....

* A szülő helyettese alatt a tanuló gyámját vagy gondviselőjét kell érteni.

1*

190**8/9**ISKOLAÉV. **II. osztály.**

Tantárgyak	I. félév	II. félév
Hittan és erkölcstan	1	
Beszéd- és értelem-gyakorlatok	1	
Írás	1	
Olvasás	1	
Magyar nyelv	2	
Számolás	2	
Éneklés	1	
Rajzolás	1	
Kézimunka	—	
Testgyakorlás	1	
Írásbeli dolgozatok külső alakja	1	
Magaviselete	1	
Szorgalma	1	
Mulasztott órák — igazolt	55	
Mulasztott órák — nem igazolt	—	
Mulasztott órák — összesen	55	

A következő osztályba föl-léphet.

I. félév :

tanitó.
Tudomásul vette:

II. félév :

tanitó.
Tudomásul vette:

(A szülő vagy helyettesének aláírása.)

(A szülő vagy helyettesének aláírása.)

11 Zeugnis über das Schuljahr 1908/09.
Den ersten Unterricht erhielt Ödön durch einen ungarischen Hauslehrer.
1909 wurde der Vater als Handelsattaché an die ungarische Gesandtschaft nach München berufen. Ödön und sein Bruder Lajos legten die Jahresabschlußprüfungen weiter in Budapest ab.

12 Maria von Horváth mit ihren beiden Söhnen.

13 Familie Horváth im Jahre 1909.

14 Ödön und Lajos als Schüler.
15 Ödön von Horváth.
»Während meiner Schulzeit wechselte ich
viermal die Unterrichtssprache und
beendete fast jede Klasse in einer anderen
Stadt. Das Ergebnis war, daß ich keine
Sprache ganz beherrschte. Als ich das
erste Mal nach Deutschland kam, konnte
ich keine Zeitung lesen, da ich keine gotischen Buchstaben kannte, obwohl meine
Muttersprache die deutsche ist.«
(Ödön von Horváth)

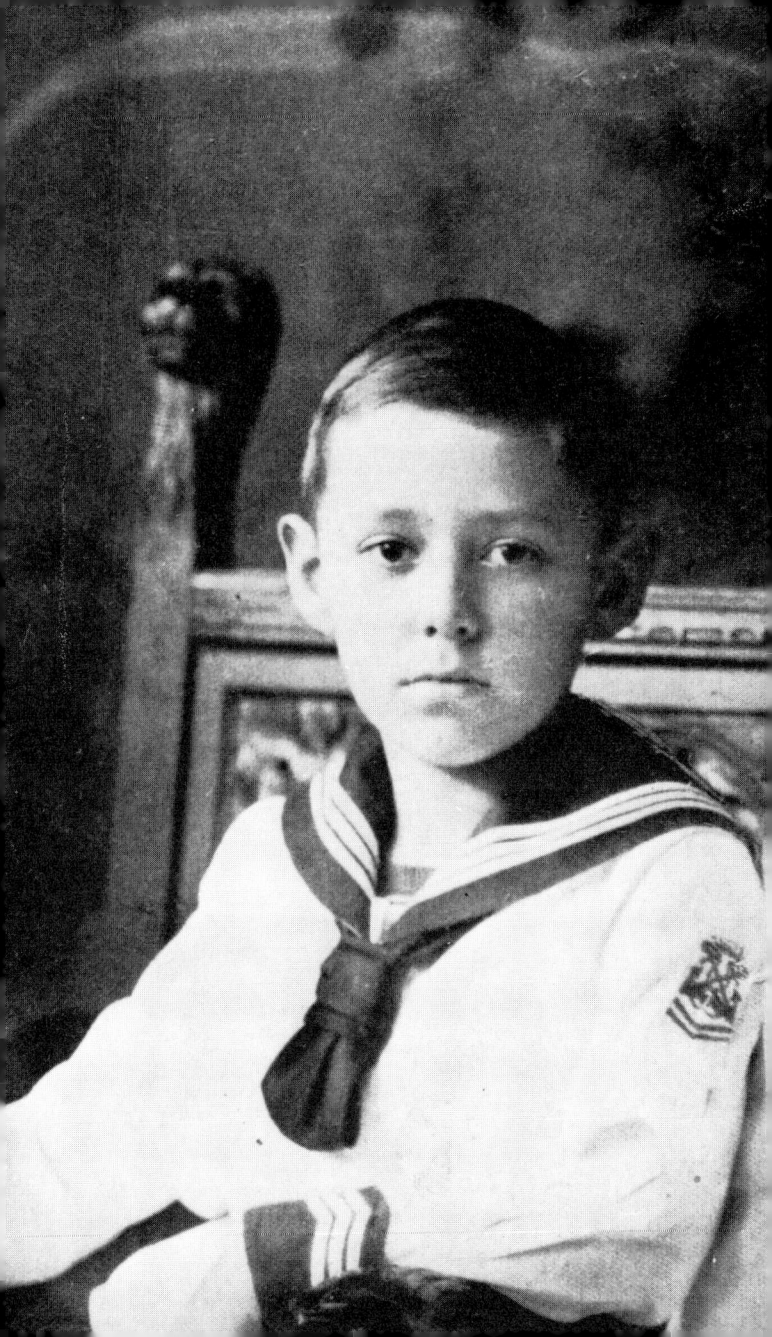

16 Ausflugsfoto der Familie Horváth.

17 Zwischen 1908 und 1910 verbrachte die Familie Horváth jedes
Jahr mehrere Wochen in Venedig.

**18 Zeichnung Ödön von Horváths aus dem
Jahr 1910.**

19 Edmund von Horváth mit seiner Frau und seinen Söhnen.

20 Stadtansicht von München um 1910.
In den Jahren 1909 bis 1913 wohnte die Familie Horváth im Haus
Prinzregentenstraße 24 und dann, bis 1918, Widenmayerstraße 43.

21 München. Prinzregentenstraße 24.
22 München. Widenmayerstraße 43.

23 Zeichnung Ödön von Horváths aus dem Jahr 1913.

Luci in Macbeth
Eine Zwerggeschichte v. Ö. v. Horváth

So sieht der „liebe" Luci aus
Der in Belgrad ist zuhaus.
Da packt dich schon ein kalter Graus
Und du reißt schleunigst aus.
Doch lieber Leser bleibe hier
Aus Lucis Leben muß ich dir
Eine Schauergeschichte erzählen:

Der Luci war zwölf Jahre alt
Als er schon ganz Gau halt
In „Macbeth", „Hamlet" usw.
Hat gehen wollen ganz heiter.

Da kaufte ihm ein Billet
Der liebe Papa für „Macbeth"

Um Punkt Sieben die
Vorstellung begann
Der Luci vor Neugierde zerrann.
Und endlich als es losging
Der Luci zu heulen anfing.

24 Jugenddichtung Ödön von Horváths.
Schon als etwa Zehnjähriger hatte Ödön von Horváth kleine Szenen gedichtet und mit seinem Bruder Lajos vor Freunden aufgeführt. »Luci in Macbeth« ist das früheste Manuskript Horváths, das erhalten blieb.

Weil auf der Bühne — oh schaurig
Drei Hessen jodelten fürchterlich

Der Luci wußte nicht wie es kam
Als ihm die erste Träne ran

Die Hessen jodelten immerzu fort
Dem Luci schien es nicht geheuer am Ort

Und als endlich das erste Bild
aus war
Da flüchtete Luci aus dem
Lokal

Er rannte in einer Tour bis nach
Haus
„Die Vorstellung war für mich ein
Graus"

Und sogar in der Nacht
Ist er oft aufgewacht.

Denn vor Geister fürchtet er sich sehr
Und Geister kamen immer noch mehr.

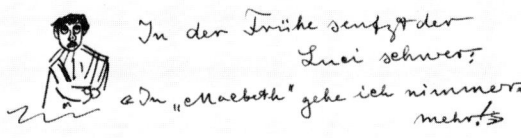

In der Frühe senfzt der
Lusi schwer;
„In „Macbeth" gehe ich nimmer-
mehr!"

Diese Geschichte giebt dir eine Lehre:
In das Theater gehören keine Zwerge!

Ed. v. Horváth

K. Wilhelms=Gymnasium München.

Jahres=Zeugnis.

3 Cl.

Widenmayerstr. 43/0

Edmund von Horváth,

Sohn des *Ministerialrates K. u. K. österr. ungarischen Generalstabs Herrn Edmund von Horváth in Wien,*

geboren am *9. Dezember 1901* zu *Verfatto (Sum.),*

kath. Konfession, hat im Schuljahre 19*13|14* die *dritte* Klasse Abt. *B* besucht.

Der Schüler kam zu Beginn des Schuljahres aus dem griechisch Obergymnasium in Budapest in die Anstalt ein. Er beherrscht die deutsche Sprache soweit, daß er dem Unterricht zu folgen vermag und in einzelnen Fächern...

Seine Fortschritte sind:

in der Religion	*genügend*	in der Arithmetik	*genügend*
in der deutschen Sprache	*genügend*	in der Geschichte	*genügend*
in der lateinischen Sprache	*ungenügend*	in der Geographie	*gut*
in der griechischen Sprache		in der Naturkunde	*gut*
in der französischen Sprache		im Zeichnen	*gut*
in der Mathematik		im Turnen	*gut*

Derselbe erhält die Erlaubnis zum Vorrücken in die nächsthöhere Klasse *mit einem Vormerk in der lateinischen Sprache.*

München am *14. Juli* 19*14*

Königliches Rektorat:

Dr. Goh

Ordinarius der Klasse:

Werner.

Notenskala:
sehr gut = I
gut = II
genügend = III
ungenügend = IV

Zeugnisgebühr: 50 Pfg.
Duplikat: 50 Pfg.

25 Jahreszeugnis 1913/14.

26 München. K.Wilhelms-Gymnasium, Thierschstraße.
27 München. Realgymnasium, Klenzestraße.

1913 kam Ödön von Horváth in die dritte Klasse des K.Wilhelms-Gymnasiums. Im Jahres-Zeugnis 1913/14 hieß es: »Der Schüler trat zu Beginn des Schuljahres aus dem Erzbischöfl. Obergymnasium in Budapest in die Anstalt ein. Er beherrscht die deutsche Sprache so weit, daß er dem Unterrichte zu folgen vermochte und in den meisten Fächern bei anerkennenswertem Fleiße genügende Fortschritte erzielte. Im Deutschen freilich, wo seine Kenntnisse in Grammatik und Orthographie noch unsicher sind, stehen seine Leistungen an der Grenze des Genügens, im Latein vollends vermochte er nicht mehr zu genügen. Sein Betragen war lobenswert.«

Auch ein Wechsel in das Realgymnasium in der Klenzestraße brachte keine Besserung seiner Zensuren.

28 Der Attentäter Gavrilo Princip, der am 28. Juni 1914 den
Erzherzog-Thronfolger Franz Ferdinand d'Este und dessen Gattin, die
Herzogin von Hohenberg, in Sarajevo ermordete, auf dem Transport
ins Gefängnis.

Extra-Ausgabe
der
Wiener Zeitung.

Nr. 174. Dienstag, den 28. Juli **1914**

Amtlicher Teil.

Kriegserklärung.

Auf Grund Allerhöchster Entschließung Seiner k. u. k. Apostolischen Majestät vom 28. Juli 1914 wurde heute an die königl. serbische Regierung eine in französischer Sprache abgefaßte Kriegserklärung gerichtet, welche im Urtext und in deutscher Übersetzung folgendermaßen lautet:

„Le Gouvernement Royal de Serbie n'ayant pas répondu d'une manière satisfaisante à la Note qui lui avait été remise par le Ministre d'Autriche-Hongrie à Belgrade à la date du 23 juillet 1914, le Gouvernement I. et R. se trouve dans la nécessité de pourvoir lui-même à la sauvegarde de ses droits et intérêts et de recourir à cet effet à la force des armes. L'Autriche-Hongrie se considère donc de ce moment en état de guerre avec la Serbie.

Le Ministre des Affaires Étrangères d'Autriche-Hongrie Comte Berchtold."

„Da die Königl. serbische Regierung die Note, welche ihr vom österreichisch-ungarischen Gesandten in Belgrad am 23. Juli 1914 übergeben worden war, nicht in befriedigender Weise beantwortet hat, so sieht sich die k. u. k. Regierung in die Notwendigkeit versetzt, selbst für die Wahrung ihrer Rechte und Interessen Sorge zu tragen und zu diesem Ende an die Gewalt der Waffen zu appellieren. Österreich-Ungarn betrachtet sich daher von diesem Augenblicke an als im Kriegszustande mit Serbien befindlich.

Der österreichisch-ungarische Minister des Äußern Graf Berchtold."

Verantwortlicher Redakteur: Dr. Emil Höll. Druckerei der kaiserlichen „Wiener Zeitung".

29 Nachdem Österreich am 23. Juli 1914 Serbien ein kurzfristiges, in seinen Forderungen sehr weit gehendes Ultimatum gestellt hatte, erklärte Franz Joseph I. Serbien den Krieg, um »mit Waffengewalt die unerläßlichen Bürgschaften zu schaffen, die Meinen Staaten die Ruhe im Innern und den dauernden Frieden nach außen sichern sollen.«

Ich bestimme hiermit: Das Deutsche Heer und die Kaiserliche Marine sind nach Maßgabe des Mobilmachungsplans für das Deutsche Heer und die Kaiserliche Marine kriegsbereit aufzustellen.

Der 2. August 1914 wird als erster Mobilmachungstag festgesetzt. Berlin, den 1. August 1914

Wilhelm
I. R.

v. Bethmann Hollweg.

An den Reichskanzler (Reichs. Marineamt) und den Kriegsminister.

30, 31 Mobilmachung in Deutschland.
Nach der Kriegserklärung Österreichs an Serbien wurde am
30. Juli 1914 in Rußland eine Gesamtmobilmachung befohlen. Am
31. Juli 1914 erklärte Kaiser Wilhelm »aufgrund der andauernden und
bedrohlichen Rüstungen Rußlands« für Deutschland den Kriegs-
zustand und ordnete am 1. August 1914 in einem von ihm und dem
Reichskanzler von Bethmann Hollweg unterzeichneten Schreiben an,
sämtliche Streitkräfte »nach Maßgabe des Mobilmachungsplanes für
das deutsche Heer und die Kaiserliche Marine kriegsbereit
aufzustellen«.

32 »Begeistert stellt sich die Jugend zu Tausenden als Kriegsfrei-
willige: junge Arbeiter, Studenten, Kaufleute, Schüler.«
(Zeitgenössische Bildunterschrift.)
»Ganz am Anfang gefiel uns Buben der Weltkrieg ganz ausgezeichnet. Wir hatten viele schulfreie Tage, und es gab immer wieder eine
Sensation – deren fürchterliche Ursachen und Auswirkungen wir
damals natürlich weder erfassen konnten noch sollten. Wir waren
alle sehr begeistert und es tat uns außerordentlich leid, daß wir nicht
um fünf bis sechs Jahre älter waren – dann hätten wir nämlich
sofort hinauskönnen in das Feld. Natürlich spielte bei dieser
Begeisterung auch der Gedanke an ein Zeugnis ohne Prüfungen eine
nicht zu unterschätzende Rolle.« *(Ödön von Horváth)*

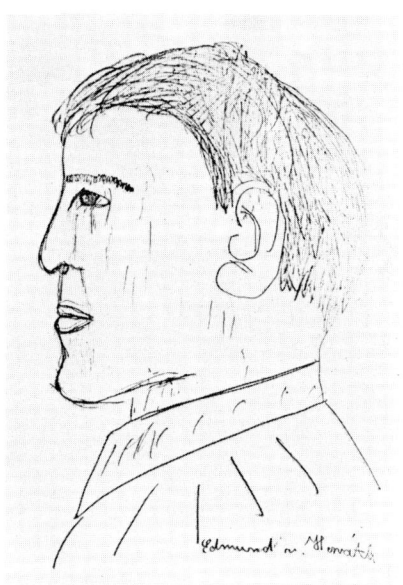

33 Selbstporträt Ödön von Horváths.

34 Ödön von Horváth mit einem Schulfreund.
Die 5. und 6. Klasse absolvierte Ödön von Horváth in der
kgl.-ungarischen Staats-Oberrealschule in Preßburg, das 7. Schuljahr (1918/19) in Budapest.

35 Herbstrosenrevolution in Budapest.
»Die Revolution in Budapest brach aus, die sogenannte Herbstrosen-
revolution. Wir kamen nach Budapest, lebten im Hotel, konnten natür-
lich nicht bezahlen. Tag und Nacht Demonstrationen, Unruhen,
Schießereien...Ödön war immer dabei und kam vormittags oder erst
mittags nach Hause. Es hat ihn alles überaus interessiert...
Vater meldete sich im Ministerium, niemand war zuständig... Die
Herbstrosenrevolution – die Soldaten hatten statt der Kokarden
Blumen auf die Mützen gesteckt – wurde von einer kurzlebigen
kommunistischen Diktatur abgelöst. Die folgende Regierung ernannte
Vater zum Regierungsvertreter für Bayern, Baden, Württemberg.«
(Lajos von Horváth, 1966*)*

36 Der Onkel Ödön von Horváths, Josef
Prehnal (1875–1929), Inspektor der Österreichischen Nationalbank, k.u.k. Leutnant
der Reserve.

37 Wien. Habsburgergasse 5.
1919 besuchte Ödön von Horváth die Ab-
schlußklasse des Privat-Gymnasiums der
Salvatorianer, Habsburgergasse 5, in Wien.
Während dieser Zeit wohnte er bei seinem
Onkel, dem Vorbild des Rittmeisters in
»Geschichten aus dem Wiener Wald«.
Horváth schilderte den Onkel Pepi »als
feschen österreichischen Leutnant um die
Jahrhundertwende, wohnhaft im achten
Bezirk, Piaristengasse, mezzanin. Herrlich ist
seine Wespentaille, korrekt seine Haltung,
überhaupt: ›wie aus an Schachterl‹ – auf-
regend für die Damenwelt, von der grande
Zozott bis zum süßen Mädl aus Purkers-
dorf.«

38 Horváth als Abiturient.

Abgabe in der **Quästur,** I. Stock bei Bezahlung des Honorars. Ein allenfalls erforderliches zweites Blatt ist in der Quästur erhältlich.

VERZEICHNIS

921

der von Herrn *Edmund Josef M. von Horváth*

stud. *phil.* geb. zu *Fiume* Heimatsstaat: *Ungarn* belegten Vorlesunge

Lfd. No.	Name der Dozenten in alphabetischer Reihenfolge	Bezeichnung der Vorlesungen	Zahl der wöchentlichen Stunden	Einbezahlter Honorarbeitrag einschl. Dienergeld, Prakt.-Beitrag und Inst.-Gebühr		Honorarpflicht (ob frei, ⅛, ¼, ⅓, ½ oder ganz)	Unterschrift des Studierenden:	Wohnung:
1	Dr. Bäumker	Metaphysik	4	32				
2	Dr. Fischer	Ästhetik	4	32				
3	Dr. Geratewohl	Rhetorisches Praktikum	1	8				
4	Dr. Geratewohl	Übungen im Vortrag deutscher Dichtungen	1	58				
5	Dr. von Hofer	Mittelhochdeutsche Übungen für Anfänger	2	16				
6	Dr. Küsecker	Das deutsche Drama unserer Zeit	1	8				
7	Dr. Küsecker	Praktische Übungen lit. Krit. über Fr. Hebbel	2	16				
8	Dr. von Notthafft	Die Bekämpfung der Prostitution	1	10				
8	Dr. Wölfflin	Die Kunst der ital. Renaissance	4	32	50			
				162	50			
			100%	162	50			
				325				

39 München. Ludwig Maximilians Universität.

40 Belegbogen Horváths vom Sommersemester 1921.
An der Philosophischen Fakultät der Münchner Universität war Horváth von 1919/20 bis 1921/22 inskribiert.
»... Natürlich versuchte ich es noch mit allerhand mehr oder minder bürgerlichen Berufen, aber es wurde nichts daraus – anscheinend war ich zum Schriftsteller geboren.« *(Ödön von Horváth)*

Anscheinend
war ich zum Schriftsteller
geboren

Also:1920 lernte ich hier in München in einer Gesellschaft den
Komponisten Siegfried Kallenberg kennen. Ich besuchte damals die Universität und hatte, wie man so zu sagen pflegt, Interesse an der Kunst. Hatte
mich selber aber in keiner Weise noch irgendwie künstlerisch betätigt —
höchstens, dass ich mich mit dem Gedanken beschäftigt habe, Du könntest
doch eigentlich Schriftsteller werden, Du gehst doch zum Beispiel gern ins
Theater, hast bereits allerhand erlebt, widersprichst gern und oft, und
manchmal hast Du doch so einen eigentümlichen Drang in Dir, auch etwas zu
schreiben — ein Theaterstück zum Beispiel, oder eine Novelle oder gar einen Roman — und dann weisst Du es doch auch, dass Du nie Konsessionen machen darfst und dass es Dir eigentlich gleichgültig ist, was die Leute über
Dich reden — — Pathetische Naturen ~~nennen~~ fassen all diese Erkenntnisse
unter dem schönen Namen "dichterische Mission" zusammen.

          Nun, um also auf meinen Freund Kallenberg zurückzukommen:
Kallenberg wandte sich an jenem abend plötzlich an mich mit der Frage:
"Wollen Sie mir ~~zu~~ eine Pantomine schreiben?" Ich war natürlich ziemlich
verdutzt, weil ich es mir garnicht vorstellen konnte, wieso er mit diesem
Anliegen ausgerechnet an mich herantritt — ich war doch garkein Schriftsteller und hatte noch nie in meinem Leben irgendetwas geschrieben. Er
muss mich verwechseln, dachte ich mir — und ursprünglich wollte ich ihn
auch aufklären. Dann aber durchsuchte mich blitzschnell (wie man so sagt)
der Gedanke, warum sollst Du es denn nicht einmal probieren, eine Pantomine zu schreiben? Ich sagte Kallenberg: Ja — setzte mich hin und schrieb
die Pantomine. Die wurde dann später auch aufgeführt. Die erste Kritik,
die ich über mein dichterisches Schaffen, erhalten habe, begann mit folgenden Worten: "Es ist eine Schmach — usw"

          Aber ich nahm mir das nicht sehr zu Herzen, sondern fing nun an,
drauflosszuschreiben. ~~Naxxxxxxxxxxxxx~~ Natürlich versuchte ich es noch mit
allerhand mehr oder minder bürgerlichen Berufen, aber es wurde nichts daraus — anscheinend war ich zum Schriftsteller geboren.

41 Aus einem maschinenschriftlichen Entwurf Ödön von Horváths.

Erster Abend des Kallenberg-Vereins
Dienstag, den 7. Februar 1922, abends 8 Uhr im Steinickesaal
Adalbertstraße 15

Programm.

Musik zu einem romantischen Märchen . . . Siegfried Kallenberg
Klavierübertragung und gespielt von
Kapellmeister Ludwig Fischer-Schwaner (Nürnberg)

„Aus dem Buch der frühen Weisen" . . Ödön J. M. von Horváth
Ballade / Sonate / Nocturno / Requiem
gesprochen von Annie Marée

„Aus einem Herbst" . . . . Ödön J. M. von Horváth
als Melodrama vertont von Siegfried Kallenberg
gesprochen von Annie Marée
am Klavier: Ludwig Fischer-Schwaner

———— Pause ————

Das Buch der Tänze . . . . Ödön J. M. von Horváth
Märchen / Das Teehausmädchen / Pestballade / Harem / Asket / Die Perle
Groteske / Episode in China
in Musik gesetzt von Siegfried Kallenberg
gesprochen von Annie Marée
am Klavier: Ludwig Fischer-Schwaner

Voranzeige:
Zweiter Abend Dienstag, 21. März 1922 Tonhalle:
Orchester-Konzert

42 Siegfried Kallenberg (1867-1944).
43 Veranstaltungsprogramm des Kallenberg-Vereins.
Am 7. Februar 1922 debütierte Ödön von Horváth im »Steinicke-Saal«
als Schriftsteller mit dem »Buch der Tänze«, einer Pantomime, die
zu schreiben ihn der Komponist Siegfried Kallenberg aufgefordert
hatte. 1922 erschien »Das Buch der Tänze« auch in einer Auflage von
500 Exemplaren im Münchner El Schahin Verlag, Schellingstraße 15,
der sich auf orientalische Dichtung spezialisiert hatte. Später
distanzierte sich Ödön von Horváth von seinem Erstlingswerk und
kaufte mit Hilfe seines Vaters alle erreichbaren Exemplare auf, um sie
zu vernichten.

Im Käfig

bewacht von ~~dummen fetten~~ dünnen Eunuchen und
~~leben~~ schlafen des Kalifen hundert Frauen

oder ~~[unleserlich, durchgestrichen]~~

spielen ~~schlafen~~ auf mir erbeuteten Altartüchern ~~[...]~~
~~spotten~~ am Rad ~~[...]~~ der Fontäne
über weiche einer ironischen seidene Polster.
Oder glotzen

durch starke Stäbe in die Himmel

Schweigen (Da:)
~~[durchgestrichen]~~ ein Schni!

Es gibt Gärten im weißen Wüstensand.

Breit beschweren geheimnisvolle Gewebe die heiß-
atmende Erde: Blüten mit glitzernden Helmen auf
ernsten Köpfen; wie weithinsichtbare goldene Kuppeln
heiliger Moscheen. Daneben streben gelbe und zart-
erbaute Minarets in den hellen Himmel hinein; lind
liebkost sie der Wind; denn sie sind zerbrechlich als
wären sie Glas.

~~Und~~ hinter engen und vergitterten Fenstern, bewacht von
fetten und dummen Eunuchen, leben Frauen ohne Schleier

schlafen auf von Kaisern gebrachten Teppichen
schreiten über weiche, seidene Polster
spielen am Rande leislispelnder Fontänen

~~Irgendwo tanzt eine nackte, schöne . . .~~
Oder ~~als~~ glotzen
~~Und irgendwo leidet eine verglommene Frau und schaut~~
durch starke Stäbe ~~in einen bleichen,~~ ~~vorbeigleitenden Mond~~
in eine die

Schweigen . . .

Schrei schrillt!!

23

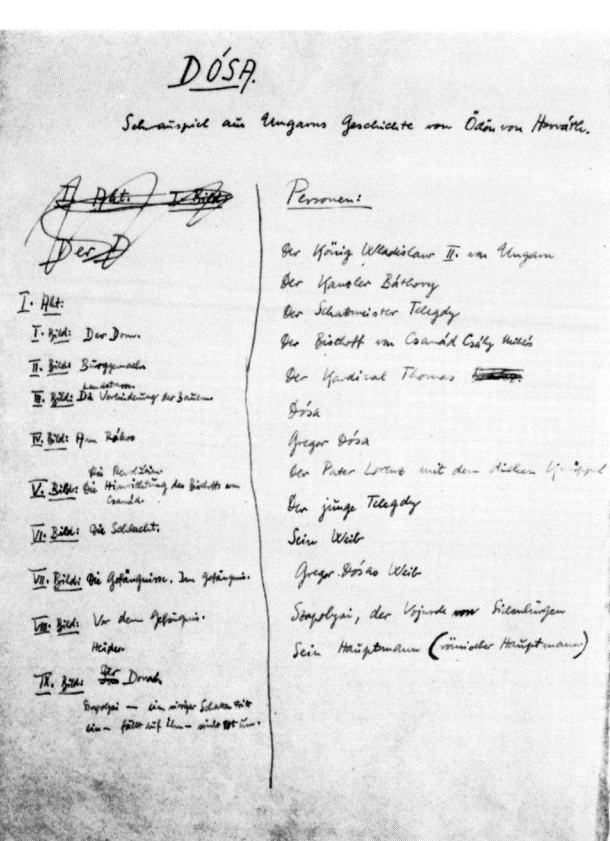

45 Entwurf eines unvollendet gebliebenen Schauspiels über Dósza (1470–1514), den Anführer des ungarischen Bauernaufstandes von 1514.

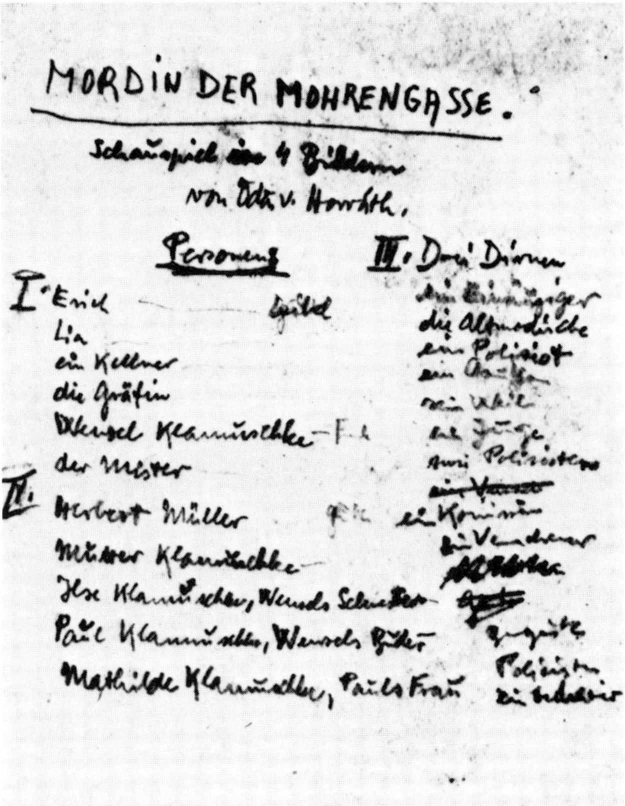

MORD IN DER MOHRENGASSE.

Schauspiel in 4 Bildern
von Ödön v. Horváth.

Personen

I. Erich
Lia
ein Kellner
die Gräfin
Wenzel Klamuschke
der Meister

II. Herbert Müller
Mutter Klamuschke
Ilse Klamuschke, Wenzels Schwester
Paul Klamuschke, Wenzels Bruder
Mathilde Klamuschke, Pauls Frau

III. Drei Dirnen
die Altmodische
ein Polizist
zwei Polizisten
ein Kommissär
ein Verehrer

46 Das Schauspiel »Mord in der Mohrengasse« umfaßt 45 Typoskriptblätter. Einzelne Motive, Charaktere und Situationen daraus griff Horváth in späteren Stücken wieder auf.

47 Murnau am Staffelsee.
»Anfang August fuhr ich durch das bayerische Oberland und in der Nähe von Partenkirchen, dort wo die Berge beginnen, durchfuhren wir auch einen sogenannten schmucken Markt. Die Sonne schien und Sonntag wars. Aber auch abgesehen vom Tage des Herrn herrschte eine überaus feiertägliche Stimmung. Fahnen, Musik, jubelnde Bevölkerung, sowohl Eingeborene als auch Fremde, biedere Landmänner und erholungsbedürftige Bürgersleut.« *(Ödön von Horváth)*

48 Murnau. Bahnhofstraße 15.
Im Sommer 1920 kaufte die Familie Horváth in der Bahnhofstraße
in Murnau ein Grundstück. 1924 wurde das Haus bezugsfertig und
blieb – neben dem Münchner Wohnsitz – die »Sommerresidenz« der
Familie.

49, 50 Ödön von Horváth in Murnau (1924).

51 Sommer 1924. Ödön von Horváth mit einer Bekannten.

Vom artigen Ringkämpfer

Manche Menschen besitzen das Pech zu spät geboren worden zu
sein. Hätte zum Beispiel der Ringkämpfer, den dies Märlein des
öfteren ringen sah, Sonne und Sterne nur tausend Jahre früher
von der Erde aus erblickt, so wäre er wahrscheinlich Begründer
einer Dynastie geworden —— so aber wurd er nur Weltmeister.

Nichtsdestotrotz war er artig gegen Jedermann. Selbst gegen un-
artige Gegner, selbst gegen ungerechte Richter. Nie hörte man
ihn murren —— er verbeugte sich höflich und rang bescheiden
weiter; und legte Alles auf beide Schultern.

So ward er Beispiel und Ehrenmitglied aller xxxxxxxxxxxxxxx
Ringkämpfer-Kongregationen.

Eines Nachts nun (es war nach seinem berühmten Siege über den
robusten kanibalensischen Herkules) setzte sich Satan in persona an sein Bett und sprach wie eine Mutter zu ihrem Kinde:

"Ach, Du mein artiges zuckersüsses Würmchen, wenn Du mir folgst
und den bösen Erzengel besiegst, so schenk ich Dir auch etwas
Wunderwunderschönes!"
"Was denn?" frug gar neugierig unser braver Ringkämpfer.
"Die Welt!" flüsterte Satan und stach mit dem Zeigefinger in die
Luft.
Doch da gähnte der artige Knabe:
"Danke dafür —— bin ja bereits Weltmeister."

52 Typoskriptseite aus den »Sportmärchen« Ödön von Horváths,
einer Sammlung von insgesamt 27 kleinen Prosastücken.
53 Der Schriftsteller Wolf Justin Hartmann (1894–1968) und Ödön
von Horváth.

54 Erstabdruck eines »Sportmärchens« im Münchner »Simplicissimus«
am 22. September 1924.

Der Faustkampf, das Harfenkonzert und die Meinung des lieben Gottes

Von Ödön Horváth

! k. o. !! k. o. !!!

heulten grelle Plakate in die Stadt; und der eines überhörte, dem sprangen drei ins Gesicht:

! k. o. !! k. o. !!!

Und nur ein einziges Zeitschriftlein wagte zu widersprechen; aus eines schwindsüchtigen Buchladens schmalbrüstiger Auslage wisperte sein fadenscheiniges Stimmlein:

Harfenkonzert — Harfenkonzert —

Tausende gingen vorbei, bis einer es hörte; und das war ein grauer grober Mann, der sogleich stehen blieb; auf seine niedere Stirne zogen finstere Falten, und aus seiner Tasche quoll ein großer gelber Zettel, den er knurrend auf das Fenster der Auslage klebte; und der Zettel brüllte bereits, kaum die Scheibe berührend, derart durchdringend, daß Männlein und Weiblein von weitumher zusammenliefen:

! k. o. !! k. o. !!!

Da verstummte das Zeitschriftlein, denn nun schwand auch seine letzte Hoffnung; und in dem Schatten, den das tobende Plakat auf sein kleines Titelblatt warf, ward es sich klar, daß seine Sache im Sterben sei. Und es schlich aus der Auslage, riß sich in Stücke und erhängte sich an einem gewissen Orte.

Später, als man das dem lieben Gott mitteilte, da zuckte er die Achsel und meinte:

„Hja, mein Gott — —."

Von Spießern,
Kleinbürgern und Angestellten

55 Berlin 1924. Nollendorf-Platz.

56 **Manuskriptblatt Ödön von Horváths.**
Ab 1924 hielt sich Horváth häufig längere Zeit auch in Berlin auf.
»Es hat sich allmählich herumgesprochen, daß das Materielle unentbehrlich ist. Und das bietet dem jungen Schriftsteller nur Berlin, von allen deutschen Städten.« *(Ödön von Horváth)*

57 Berlin. Romanisches Café.
»In jenen Jahren war die Literatur freier als je in Deutschland. Es
wohnten Hunderte Literaten in Berlin. Ausländische Schriftsteller
kamen aus aller Welt. Die Berliner Theater, Zeitungen, Zeitschriften,
Verlage, Universitäten, Museen, Kunsthandlungen und die Filmindustrie florierten. Es gab stadtbekannte literarische Cafés, das
›Romanische Café‹, ›Schwannecke‹...« *(Hermann Kesten, 1959)*

58 Gustaf Gründgens (1899–1963).
59 Francesco von Mendelssohn.
In Berlin lernte Ödön von Horváth den Schauspieler Gustaf
Gründgens kennen und dessen Freund, den Regisseur Francesco von
Mendelssohn, der später die Uraufführungen von Horváths Volks-
stücken »Italienische Nacht« und »Kasimir und Karoline« inszenierte.

60 Ernst Josef Aufricht (1898–1971).
61 Walter Mehring (geb. 1896).

Ernst Josef Aufricht (1957): »Ich lernte Horváth in dem Schauspieler-
nachtlokal Schwannecke kennen. Ich beobachtete dort längere Zeit
einen jungen Mann, der stets eine Papierrolle in der Hand hielt.
Eines Abends kam er an meinen Tisch und erklärte mir, daß auf
dieser Rolle ein Theaterstück aufgeschrieben sei. Ich sollte es lesen
und aufführen, was ich beides tat. Das Stück war ›Italienische
Nacht‹.«

Walter Mehring (1963): »In einer Konditorei am Lützowplatz fand die
erste Begegnung zwischen Horváth und mir statt. Ich hatte ihn mir...
nein! Ich hatte ihn mir gar nicht vorgestellt. Wir brauchten einander
nicht vorzustellen. Es war eine geheime Vertrautheit auf den ersten
Blick aus seinen dunkel schwermütigen Spötteraugen. Und er war
der einzige Gast – ein junger Faun; südländisch phlegmatisch;
salopp aristokratisch schwarz gekleidet, alt-österreichisch-
ungarisch verbindlich.«

62 Horváth in Murnau, (1925).
Horváth kehrte immer wieder für einige
Zeit nach Murnau zurück. Ernst Josef
Aufricht, Gustaf Gründgens, Francesco von
Mendelssohn und viele andere seiner Freunde
besuchten ihn dort.

63 Murnau. Gasthof zur Post, eines von Horváths Lieblingslokalen.

64 Murnau 1926. Horváth beim Eisstockschießen.

65 Mit Freunden auf einem Maskenball.

66 Murnau. Hotelpension Seeblick.
Hier fand Horváth die Anregung zu seiner Komödie »Zur schönen
Aussicht«.

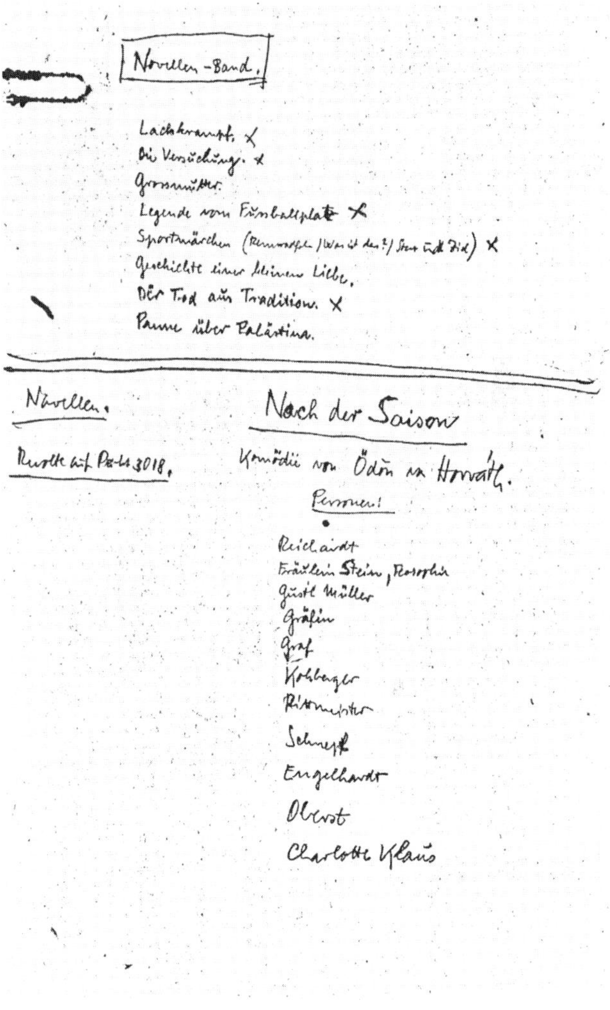

Novellen-Band.

Lachkrampf. X
Die Versuchung. X
Gemeinnütziges.
Legende vom Fußballplatz X
Sportmärchen (Rennpapst / Wer ist der? / Sven und Dick) X
Geschichte einer kleinen Liebe.
Der Tod aus Tradition. X
Panne über Palästina.

Novellen.

Revolte auf Côte 3018,

Nach der Saison

Komödie von Ödön v. Horváth.

Personen:

Richard
Fräulein Stein, Rosophia
Guste Müller
Gräfin
Graf
Kohlberger
Risomeister
Schneyk
Engelhardt
Oberst
Charlotte Klaus

67 Manuskriptblatt aus der Zeit 1926/27.
Neben einem »Novellenband« und dem bereits vollendeten Volksstück
»Revolte auf Côte 3018«, konzipierte Ödön von Horváth eine Komödie
»Nach der Saison«, die unter dem Titel »Zur schönen Aussicht« 1927
im Berliner Volksbühnen-Verlag erschien.

68 Bau der Zugspitzbahn. Beförderung des Tragseils.
Beim Bau der Zugspitzbahn von Ehrwald in Tirol zum Zugspitzkamm
in 2805 Meter Höhe waren durch die forcierte Bauweise und
mangelnde Sicherheitsvorkehrungen mehrere Arbeiter ums Leben
gekommen. Horváth wurde dadurch zu seinem ersten Volksstück
»Revolte auf Côte 3018« angeregt. »Der Held des Stückes, der zwischen den beiden Parteien steht, ist Ingenieur und durch ihn ist die
Stellung der sogenannten Intelligenz im Produktionsprozeß charak-
terisiert.« *(Ödön von Horváth)*

69 Szenenfoto der Berliner Aufführung.
Horváth hatte nach der Uraufführung am 4. November 1927 an den
Hamburger Kammerspielen unter der Regie von Hans Lotz sein Volksstück »Revolte auf Côte 3018« umgearbeitet und der Neufassung
den Titel »Die Bergbahn« gegeben. Am 4. Januar 1929 wurde das
Stück durch die Berliner Volksbühne im Theater am Bülowplatz
unter der Regie von Victor Schwannecke erstaufgeführt.

Von *Ödön Horváth.*)*

Sie fragen mich nach meiner Heimat, ich antworte: ich wurde in Fiume geboren, bin in Belgrad, Budapest, Preßburg, Wien und München aufgewachsen und habe einen ungarischen Paß — aber: „Heimat"? Kenn' ich nicht. Ich bin eine typisch altösterreichisch-ungarische Mischung: magyarisch, kroatisch, deutsch, tschechisch — mein Name ist magyarisch, meine Muttersprache ist deutsch. Ich spreche weitaus am besten Deutsch, schreibe nunmehr nur Deutsch, gehöre also dem deutschen Kulturkreis an, dem deutschen Volke. Allerdings: der Begriff „Vaterland", nationalistisch gefälscht, ist mir fremd. Mein Vaterland ist das Volk.

Also, wie gesagt: ich habe keine Heimat und leide natürlich nicht darunter,

sondern freue mich meiner Heimatlosigkeit, denn sie befreit mich von einer unnötigen Sentimentalität. Ich kenne aber freilich Landschaften, Städte und Zimmer, wo ich mich zu Hause fühle, ich habe auch Kindheitserinnerungen und liebe sie, wie jeder andere. Die guten und die bösen. Ich sehe die Straßen und Plätze in den verschiedenen Städten, auf denen ich gespielt habe, oder über die ich zur Schule ging, ich erkenne die Eisenbahn wieder, die Rodelhügel, die Wälder, die Kirchen, in denen man mich zwang, den heiligen Leib des Herrn zu empfangen — ich erinnere mich auch noch meiner ersten Liebe: das war während des Weltkrieges in einem stillen Gäßchen, da holte mich in Budapest eine Frau in ihre Vierzimmerwohnung, es dämmerte bereits, die Frau war keine Prostituierte, aber ihr Mann stand im Feld, ich glaube in Galizien, und sie wollte mal wieder geliebt werden.

Horváth

Meine Generation, die in der großen Zeit die Stimme mutierte, kennt das alte Oesterreich-Ungarn nur vom Hörensagen, jene Vorkriegsdoppelmonarchie, mit ihren zweidutzend Nationen, mit borniertestem Lokalpatriotismus neben resignierter Selbstironie, mit ihrer uralten Kultur, ihren Analphabeten, ihrem absolutistischen Feudalismus, ihrer spießbürgerlichen Romantik, spanischer Etikette und gemütlicher Verkommenheit.

Meine Generation ist bekanntlich sehr mißtrauisch und bildet sich ein, keine Illusionen zu haben. Auf alle Fälle hat sie bedeutend weniger als diejenige, die uns herrlichen Zeiten entgegengeführt hat. Wir sind in der glücklichen Lage, glauben zu dürfen, illusionslos leben zu können. Und das dürfte vielleicht unsere einzige Illusion sein. Ich weine dem alten Oesterreich-Ungarn keine Träne nach. Was morsch ist, soll zusammenbrechen, und wäre ich

---

*) Der 27jährige Dichter ist der Autor des Volksstückes „Die Bergbahn", das seine erfolgreiche Uraufführung an der Berliner Volksbühne erlebte.

70 »Der Querschnitt«. Heft 2. 1929.
Die Zeitschrift »Der Querschnitt«, 1921 von Paul Flechtheim begründet, erschien seit 1924 im Propyläen-Verlag, Berlin.

morsch, würde ich selbst zusammenbrechen, und ich glaube, ich würde mir gar keine Träne nachweinen.

Manchmal ist es mir, als wäre alles aus meinem Gedächtnis ausradiert, was ich vor dem Kriege sah. Mein Leben beginnt mit der Kriegserklärung. Und es widerfuhr mir das große Glück, erkennen zu dürfen, daß die Ausrottung der nationalistischen Verbrechen nur durch die völlige Umschichtung der Gesellschaft ermöglicht werden wird. Das ist mein Glaube. Lächeln Sie nicht! Dadurch, daß eine Erkenntnis oft als Schlagwort formuliert wird, verliert sie nichts von ihrer Wahrheit. Worauf es ankommt, ist die Bekämpfung des Nationalismus zum Besten der Menschheit.

Ich glaube, es ist mir gelungen, durch meine „Bergbahn" den Beweis zu erbringen, daß auch ein nicht „Bodenständiger", nicht „Völkischer", eine heimatlose Rassenmischung, etwas „Bodenständig-Völkisches" schaffen kann, — denn das Herz der Völker schlägt im gleichen Takt, es gibt ja nur Dialekte als Grenzen.

Vortrag Thomas Mann. Dichtgefüllter, erwartungsfreudiger Saal. Mit kurzen rhythmischen Schritten erobert sich Thomas Mann die Herrscherstellung am Pult. In seinem Gang liegt schon die Gewähr, daß er jeden königlich beschenken wird. Klar und prägnant, in wundervollster Linienführung entwickelt sich die Lebensfuge Theodor Fontanes. Dann kommt die Sonnengabe: Thomas Mann liest ein Kapitel aus seinem biblischen Roman. Neben mir macht ein Dicker sorgfältig Aufzeichnungen. Ich schließe die Augen. Die Sonne blendet mich. Und auch das Lächeln der Rahel, das sie zum ersten Male dem Jakob offenbart. Riesenkräfte gibt ihm ihr lieblicher Blick. Er wälzt den schweren Stein von der Oeffnung des Brunnens, damit ihre durstigen Schafe trinken. Auf hohen Stab gestützt, steht Rahel und lächelt sich in die Seele des Mannes, der ihr zwanzig Jahre dienen wird. Die Luft flimmert . . . Allah, verzeihe mir die Sünde! Die Fuge ist im Bach-Saal geblieben, ich nehme nur die Sonne mit nach Hause.   *(D—n im Zwölf-Uhr-Blatt, Berlin.)*

Wir weisen auf den Prospekt der Verlagsanstalt **Alexander Koch (Darmstadt)** hin, der diesem Heft beiliegt.

71 Berlin. Ullstein-Haus, Kochstraße 22/26.
Zur Ullstein AG gehörte als Buchverlag der Propyläen-Verlag und
als Bühnenvertrieb der Arcadia-Verlag. Am 11. Januar 1929 schloß
der Ullstein-Verlag mit Ödön von Horváth einen zunächst auf ein Jahr
befristeten Vertrag über die »gesamte schriftstellerische Produktion
an dramatischen, erzählenden und lyrischen Werken«, der für die
ersten beiden Monate eine Summe von je 500 Mark, für die weiteren
Monate 300 Mark vorsah. 1931 wurden die monatlichen Zahlungen,
die mit den eingehenden Tantiemen verrechnet wurden, auf 500 Mark
erhöht. Im November 1932 wurde »auf Grund gegenseitigen freundschaftlichen Übereinkommens« der Vertrag wieder gelöst. Bis zum
Auslaufen des Vertrags mit Jahresbeginn 1933 waren im Propyläen-
Verlag der Roman »Der ewige Spießer« und Buchausgaben der
Bühnenstücke »Italienische Nacht« und »Geschichten aus dem
Wiener Wald« erschienen. Zusätzlich betreute der Arcadia-Verlag
auch noch die Aufführungsrechte von Horváths Stücken »Rund um
den Kongreß«, »Kasimir und Karoline« und »Glaube Liebe Hoffnung«.

72 Dr. Franz Ullstein (1868 – 1945).
73 Heinz Ullstein (1893 – 1973).
»Für uns war Horváth einer der beliebtesten Autoren und wir waren
sehr glücklich, daß wir ihn neben Zuckmayer eigentlich als den
bedeutendsten Dramatiker in unserem Bühnenvertrieb hatten. Und
der Leiter unseres Bühnenvertriebs, der pflegte immer zu sagen:
»Na ja, Ödön von Horváth – das ist eben ein Edelstein im Ullstein«.
(*Heinz Ullstein,* 1966).

74 Barcelona. National-Palast.
Im Herbst 1929 fuhr Ödön von Horváth zur Weltausstellung nach Barcelona. Seine Erlebnisse und Eindrücke bildeten die Grundlage für seinen ersten Roman »Der ewige Spießer«.
»Was ist in Spanien das Spanischste? Natürlich der Stierkampf, auf spanisch: ›Corrida de Toros‹ – ... Die Stierkampfarena hatte riesige Dimensionen, und sie war noch größer, wenn man bedenkt, daß allein Barcelona drei solch gigantische Arenen besitzt. Trotzdem war alles ausverkauft, es dürften ungefähr zwanzigtausend Menschen dabei gewesen sein... Die Spanier sind eine edle Nation... Sogar auf den Toiletten steht ›Ritter‹ statt ›Herren‹, so stolz sind die Spanier. Fast jeder scheint sein eigener Don Quichotte oder Sancho Pansa zu sein.« *(Ödön von Horváth)*

75 Plakate in Barcelona 1929.

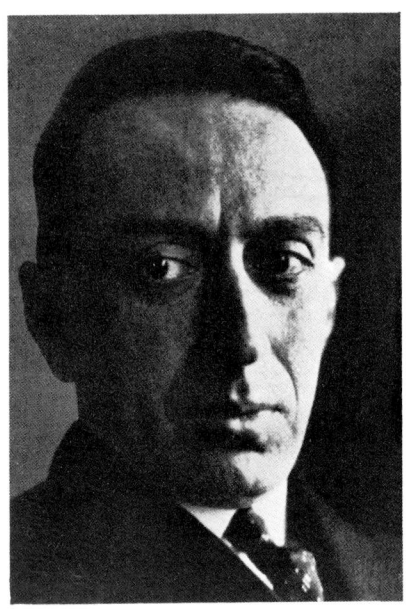

**76 Der Schriftsteller Ernst Weiß (1882 –
1940), mit dem Horváth befreundet war und
dem er seinen ersten Roman »Der ewige
Spießer« widmete.**

Der ewige Spießer

Erbaulicher Roman in drei Teilen

von

Ödön Horváth

Meinen lieben Eltern

von Ihrem

Ödön

München, November 30

Im Propyläen-Verlag / Berlin

77 Titelseite der Erstausgabe 1930.

78 »Der Querschnitt« mit einer Kritik von Anton Kuh über Horváths
ersten Roman im Dezember 1930.

JOACHIM MAASS, Boheme ohne Mimi. Roman. S. Fischer, Berlin.

Anker (ein Vorname, bitte), Bohemien aus gutem Haus, lebt, indem er nichts Besonderes tut, dagegen, so oft er Gelegenheit hat, durchaus anerkennenswert, mit netten Mädchen schlafen geht. Im großen Gegensatz dazu landet er in überraschend kurzer Zeit, scheinbar endgültig, an seinem Schreibtisch, um den ganzen Tag an einem Werk zu arbeiten, ja noch überdies am Abend Essays und Feuilletons zu schreiben, für welche Produktion wir allerdings nur soviel Kredit gewähren, als die Bürgschaft seines Autors wert zu sein scheint. Sollte dieser „die alte Feindschaft zwischen dem Leben und der großen Arbeit" für etwas Metaphysisches halten, so hat er die Gleichung durch Einsetzung unzulänglicher Werte reichlich unbestimmt gemacht und dadurch, daß Anker menschliche und geistige Originalität in jedem tieferen Sinne fehlt, auch das Individuell-Psychologische um sein Interesse und freilich auch seine Begründung gebracht. Dieser Bohemien schwebt, auch soziologisch und typologisch gesehen, im allzu luftleeren Raum, und allein aus der Art seines unregelmäßigen Herumschlafens könnte eine Portion Dilettantismus in seinem Werk vermutet werden. Davon ist Maaß selbst weit entfernt, der entschieden viel begabter ist als sein Anker. Das zeigt seine natürliche, leichte, wenn auch etwas redselige Art zu erzählen, die ein feines Licht von angenehmer Nervosität erzeugt, Episodenfiguren mit Atmosphäre hinstellt, eine sauber gespannte, nirgends überspannte Sprache spricht und eine fast rührende und nicht selbst gerührte unterirdische Ironie mitführt. Es sind viele Qualitäten da. Was freilich noch fehlt, ist Konzentration in Handlung und Ziel, größerer Drang zu geistiger und dichterischer Energie. *Ernst Schwenk.*

OEDÖN HORVÁTH, Der ewige Spießer. Propyläen-Verlag, Berlin.

Dieser Oedön Horváth, dessen Name so eigenartig nach Mord-Chronik, Steckbrief, k. k. Armee-Ueberbleibsel klingt, ist ein Ausnahmefall unter den Exzedenten seines Geschlechts. Ein amorphes Stück Natur; vulgär wie ein Noch-nicht-Literat, souverän wie ein Nicht-mehr-Literat; so Elementares und Dilettantischem gemengt. So könnte die Rohschrift eines großen satirischen Erzählers aussehen; aber auch die Reinschrift eines genialen Abenteurers, der sich für einen Schriftsteller ausgibt. Doch wie immer die Zukunft diese Unbestimmtheit kläre: wie unaffektiert ist die Derbheit dieses Zuchtlosen, wie unrenommistisch seine Kühnheit, wie phrasenlos seine Ueberzeugtheit im Vergleich zu allen den andern, vom Bronnen bis zum Lampel! Und wie hell und selbstvergnügt sein Humor …! Der „ewige Spießer" sollte übrigens heißen der „neue Spießer"; denn der mit Mikosch-Witz erfaßte Mikosch-Typ, um den es sich hier, ungeachtet der bayrischen Couleur, dreht, ist nicht mehr Moral-, sondern Immoral-Spießer; ein strotzender, ordinärer, nicht einmal ganz ungütiger Klachel, der sich aus Zeitungsphrasen einen Machiavellismus des kleinen Mannes gebraut hat; ein Windhund mit Fettnacken sozusagen. Angeklagter Horváth — wie Sie den schildern, das ist geschriebener Daumier. Hoffentlich sehe ich Sie als Schriftsteller wieder. *Anton Kuh.*

Der Mittelstand.

[handschriftlicher Text, weitgehend unleserlich]

79 Aus dem Konzept zu einem Roman.
80 Ödön von Horváth.
In Berlin wurde Horváth vor allem durch den Kreis um die »Liga für Menschenrechte« mit marxistischen Gedanken vertraut gemacht und engagierte sich politisch und gesellschaftlich.
»Man streitet sich darüber, ob der Mensch ein Produkt seiner Umgebung ist, ob die Menschen materialistisch bedingt oder ideologisch bedingt sind. Die Wahrheit werden wohl meist die Unzufriedenen ertragen und suchen, die Zufriedenen nicht. Die sich in ihrer Zufriedenheit bedroht Fühlenden, die unsicher Gewordenen, werden eher dazu neigen, phantastische Theorien aufzustellen.« *(Ödön von Horváth)*

81 »Aschinger«, der im Berlin der Zwanziger Jahre durch seine
Erbsensuppe um 30 Pfennig und die Gratis-Brötchen berühmt war.
»Ich kenne die Welt nur von der Aschingerseite aus.« *(Ödön von
Horváth)*

82 Major a. D. Ernst Buchrucker (ca. 1930).
83 Ernst Buchruckers »Bericht«, der 1929 im Berliner Reichsverlag
erschien.
Die Fememorde der Schwarzen Reichswehr und Buchruckers
»Küstrin-Putsch« wurden von Horváth als Stoffvorlage zu »Sladek oder
Die schwarze Armee« verwendet.
1923 hatte sich Buchrucker in der Festung Küstrin verschanzt, um mit
seinen Leuten einen »neutralen Befreiungsmarsch« gegen Berlin anzutreten. Buchruckers Leute wurden von den unter dem Kommando
von General von Seeckt stehenden regulären Reichswehrtruppen ent-
waffnet, Buchrucker floh.
»Die inhaltliche Form meines Stückes ist historisches Drama, denn
die Vorgänge sind bereits historisch geworden. Aber seine Idee,
seine Tendenz ist ganz heutig. Ich glaube, daß ein wirklicher
Dramatiker kein Wort ohne Tendenz schreiben kann. Es kommt nur
darauf an, ob sie ihm bewußt wird oder nicht. Allerdings lehne ich
durchaus die dichterische Schwarz–Weiß–Zeichnung, auch im sozialen Drama, ab. Da ich die Hautprobleme der Menschheit in erster Linie
von sozialen Gesichtspunkten aus sehe, kam es mir bei meinem
›Sladek‹ vor allem darauf an, die gesellschaftlichen Kräfte aufzuzeigen, aus der dieser Typus entstanden ist.« *(Ödön von Horváth)*

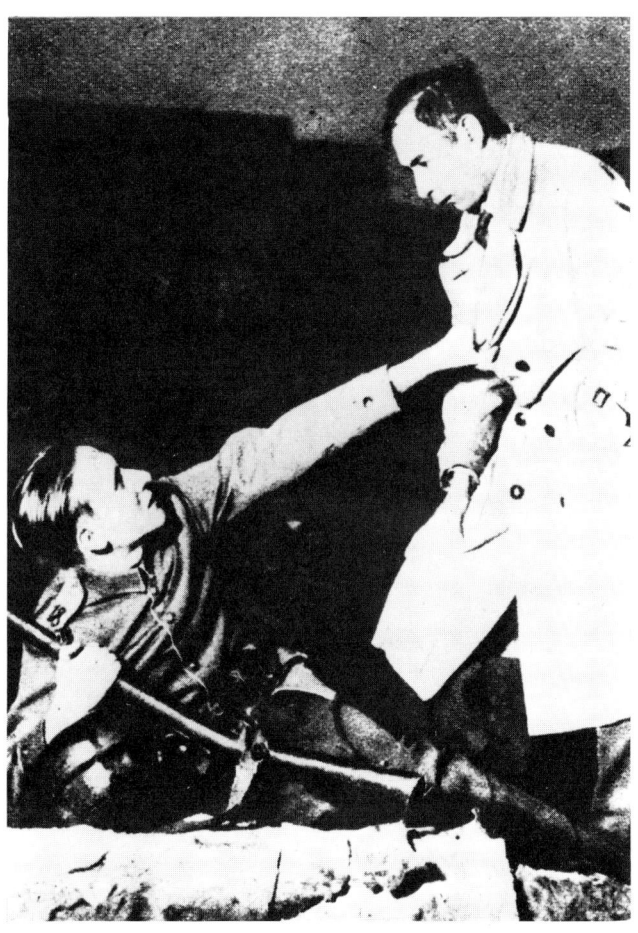

84 Szenenfoto einer Neufassung des »Sladek«, die unter dem Titel »Sladek, der schwarze Reichswehrmann« am 13. Oktober 1929 im Lessing-Theater in Berlin (Aktuelle Bühne) mit Otto Matthies (Sladek) und Fritz Ritter (Schminke) uraufgeführt wurde. Regie führte Erich Fisch.

85 Wahlplakate.
86 Nach einer politischen Versammlung in einem Berliner Lokal.
Das Sprengen gegnerischer Parteiversammlungen mit Hilfe von Roll-
kommandos und Schlägertrupps stand auf der Tagesordnung. Wieder
bildete das politische Geschehen die Vorlage für ein Bühnenstück
Horváths. 1930 beendete er das Volksstück »Italienische Nacht«.

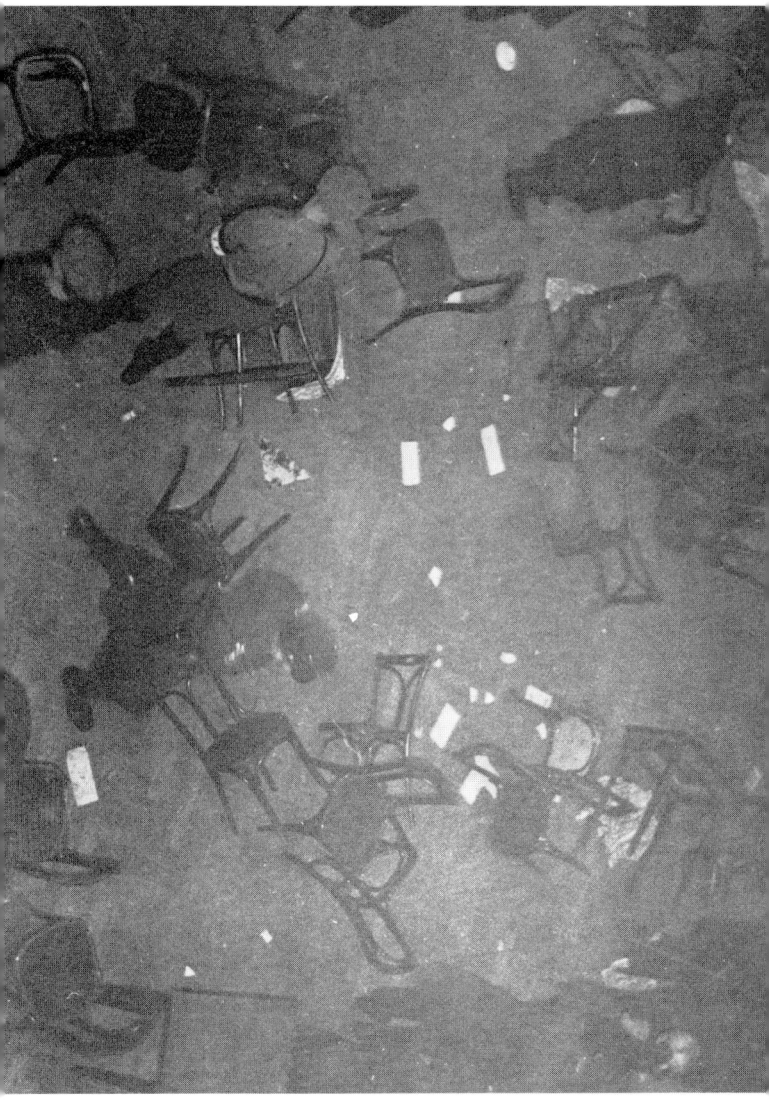

87 Szenenfoto der Uraufführung von Horváths Volksstück »Italieni-
sche Nacht« im Theater am Schiffbauerdamm (Direktion: Ernst Josef
Aufricht) in Berlin am 20. März 1931 mit Fritz Kampers (Martin) und
Berta Drews (Anna) unter der Regie von Francesco von
Mendelssohn.
Am 5. Juli 1931 inszenierte Oskar Sima die »Italienische Nacht« am
Wiener Raimund-Theater. Die scharfe Kritik Horváths auf die poli-
tische Situation wurde bei der österreichischen Erstaufführung ver-
mieden.

„Italienische Nacht"

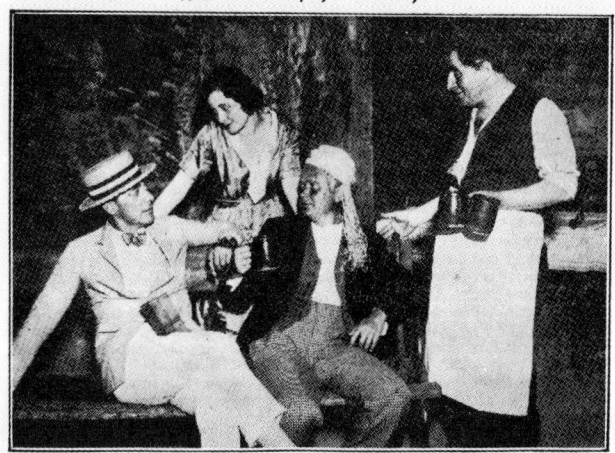

Ödön Horvath in Wien

Gespräch mit dem Verfasser von „Italienische Nacht"

„Ich bin ungarischer Staatsbürger", erzählt Oedön Horvath, bin aber so viel in der Welt herumgekommen, daß ich mich als Kosmopolit fühle. Seit meinem siebzehnten Lebensjahr habe ich mich für die deutsche Sprache entschieden. Mein Vater war Handelsattaché, und durch seinen Beruf hatte ich Gelegenheit, in jungen Jahren unendlich viel zu sehen und viel zu erleben; ich lernte Belgrad, Budapest, Wien, München, Paris, Berlin, Zürich und viele andere Städte kennen. Nach mancherlei nicht befriedigenden Versuchen, mir einen Beruf zu bauen, kam ich durch Zufall zur Literatur:

Bei einer Versammlung in einem der Münchener großen Säle sprach mich der Komponist Siegfried Kollenberg an und verlangte von mir eine Pantomime. Er hatte mich mit jemandem anderen verwechselt. Ich aber erfaßte die Chance des Zufalls und führte seinen Auftrag aus. Der Erfolg dieser Arbeit erwog mich, bei der Literatur zu bleiben.

Ich war Mitarbeiter des „Simplicissimus"- und schrieb ein Stück, das in den Hamburger Kammerspielen aufgeführt wurde, „Die Bergbahn"; die Volksbühne in Berlin übernahm dieses Stück und brachte es, noch unter der Regie Schwanecke heraus. Mein Roman „Der ewige Spießer" hatte gleichfalls erfreulichen Erfolg, ebenso wie mein letztes Stück „Italienische Nacht", das heute abend hoffentlich nicht enttäuschen wird. Es kam im Theater am Schiffbauerdamm in Berlin heraus, auch dort unter Mitwirkung von Oskar Sima. Der Inhalt ist mit einigen Worten schwer zu umschreiben: Es geht nicht gegen die Politik, aber gegen die Masse der Politisierenden, gegen die vor allem in Deutschland sichtbare Versumpfung, den Gebrauch politischer Schlagworte.

„Geschichten aus dem Wienerwald", ein Wiener Volksstück, ist die Arbeit, die ich eben beende; Reinhardt und Martin von der Berliner Volksbühne haben es bereits angehört und einer von beiden wird es im Herbst in Berlin herausbringen.

88 »Wiener Allgemeine Zeitung« vom 5. Juli 1931 und ein Szenenfoto der österreichischen Erstaufführung mit Hans Olden (Karl), Lieselott Medelsky (Anna), Oskar Sima (Stadtrat) und Eduard Loibner (Wirt).

89 Ödön von Horváth (ca. 1931).

90 Murnau. Kirchmeir-Saal.
Ödön von Horváth hatte am Sonntag, dem 1. Februar 1931 gegen
1 Uhr mittags in Murnau Bekannte zur Bahn gebracht und kehrte
dann in der Gaststätte »Zur Traube« ein, wo im »Kirchmeir-Saal« eine
öffentliche Versammlung der SPD stattfand. Er wurde Augenzeuge
einer Saalschlacht zwischen Anhängern der SPD und den Nationalsozialisten, die die Versammlung sprengen wollten. Die Bilanz waren
26 Verletzte und ein Sachschaden von 2800 Mark. Am 20. Juli 1931
begann vor dem Schöffengericht in Weilheim der Prozeß gegen 33
Teilnehmer an der Murnauer Versammlungsschlacht. Als Zeuge sagte
am 21. Juli auch Ödön von Horváth aus.

Die Saalschlacht in Murnau.

Der Nationalsozialist Hans Schmid-Murnau stellte fest, daß die Murnauer Nationalsozialisten nicht zur Versammlung geladen waren. Er hat beobachtet, daß die Schlägerei am Tisch des Engelbrecht ihren Anfang nahm.

Von entscheidender Bedeutung waren die klaren und eindrucksvollen Bekundungen des keiner Partei angehörenden Schriftstellers Horvath, der der Versammlung beiwohnte und als erster Mann den Kirchmeier-Saal betreten hatte.

Ich war, führte der Zeuge aus, um 1 Uhr 14 am Bahnhof, wohin ich Bekannte begleitet hatte. Vom Bahnhof ging ich direkt zur Versammlung. Ich gehöre keiner Partei an. Auf dem Bahnhof sah ich, daß 60 bis 70 Leute zusammen ausstiegen und gemeinsam ins Versammlungslokal gingen. Am Bahnhof sah ich im Wartesaal den Engelbrecht stehen, der hinter einer Glastüre die Ankommenden beobachtete. Ich wunderte mich, daß er bei dem schönen Wetter nicht heraußen stand. Bei Kirchmeier war der hintere Teil des Saales ganz gefüllt mit den jungen Leuten, die am Bahnhof angekommen waren. Ich wußte aber damals noch nicht, daß es Nationalsozialisten sind. An meinem Tisch saßen Reichsbannerleute. Ich hielt die uns umgebenden zahlreichen jungen Leute für Sozialdemokraten und sagte zu den Reichsbannerleuten, ihre Genossen sollten doch den Platz für die Murnauer freimachen. Darauf wurde mir erwidert, daß das lauter Nationalsozialisten sind und daß beabsichtigt sei, die Versammlung zu sprengen. Unterdessen kam Engelbrecht herein. Nach Auers Rede folgte eine Pause und dann sprach Engelbrecht. In meiner Umgebung war bis dahin eine ganz gemütliche Stimmung. Die Bemerkung des Engelbrecht über die Sklaven-Joppen empfand ich als provozierend. Es folgte dann das Heil auf Hitler und gleich darauf wurde ein Lied gesungen, wobei eine große Anzahl der im Saale Anwesenden die Hände erhob. Ich war ganz umringt von Leuten, die die Hand erhoben, und erkannte jetzt erst, daß das lauter Nationalsozialisten waren.

Die Nationalsozialisten waren absolut in der Ueberzahl.

An der Klavier- und Fensterseite hatten die meisten die Hand hochgehalten. Gleich darauf folgte der erste Wurf. Dieser war abgezielt auf einen Tisch, an dem Reichsbannerleute saßen. Der Krug flog unmittelbar an meinem Kopf vorbei. Er war aus nächster Nähe geworfen. Als die Nationalsozialisten die Hände erhoben, wurde uns von sechs bis sieben Seiten gleichzeitig zugerufen: „Hände hoch!" Jetzt war ich mir klar, daß die Versammlung gesprengt werden sollte. Ich wunderte mich, daß die Reichsbannerleute auf die Provokationen so ruhig blieben. Auf mich ging ein

Nationalsozialist, den ich wegen seiner Bemerkungen zu den Reden unbedingt als solchen erkannte, zu und bedrohte mich mit einem erhobenen Stuhlbein. Als ich ihn zur Rede stellte, drehte er sich um und schlug das Stuhlbein einem andern hinauf. Das Werfen des Bierglases war der erste Teil der Schlägerei. Ich hatte den Eindruck, daß eine verabredete Versammlungssprengung vorlag.

Das Reichsbanner hielt bis zum Schluß Disziplin.

Bei den Reichsbannerleuten habe ich Gummiknüppel oder andere Waffen nirgends gesehen. Die Reichsbannerleute an meinem Tisch haben nur die angreifenden Nationalsozialisten abgewehrt. Besonders der Saalschutz wurde aus der Ecke von einer geschlossen vorgehenden Truppe von Nationalsozialisten angegriffen. Oberwasser hatten im ersten Moment die in der Ueberzahl befindlichen Nationalsozialisten, schließlich aber das Reichsbanner. Die ganze Schlägerei hat nur wenige Minuten gedauert. Das „Heil Hitler" war in aller Trachten die Parole, das heißt das verabredete Zeichen zur Versammlungssprengung.'

Auf die Frage des RA. Stock, ob er auch schon in einer Versammlung der Nationalsozialisten war und ob es dabei stürmisch zugegangen sei, erwiderte der Zeuge lächelnd: Gar nicht, es wurden

Kalbshaxen gegessen und revolutionäre Phrasen

gesprochen.

Natürlich setzten die gegnerischen Anwälte alle Hebel in Bewegung, den Zeugen zu verwirren und in Widersprüche zu verwickeln. Das mißglückte aber an dem absolut klaren und sachlichen Verhalten des Zeugen, der die Vorgänge im Versammlungssaal genauestens verfolgt und scharf beobachtet hatte. Auch über das Kräfteverhältnis im Saal machte der Zeuge, ausgehend von der Zahl der beim Horst-Wessel-Lied erhobenen Hände, sehr konkrete Angaben: „Wenn im Saal 200 Leute waren, dann waren davon 150 Nationalsozialisten." Als die Gegenanwälte gar nicht mehr anders konnten, rief RA. Stock die höchst unqualifizierbare und dazu gänzlich deplazierte Feststellung in den Saal: „Ich stelle fest, daß es sich hier um einen Zeugen handelt, der nur Tendenzstücke gegen die Nationalsozialisten schreibt!" Zeuge Horvath setzte sich über diesen Gefühlsausbruch mit einem überlegenen Lächeln hinweg. Anders der Vorsitzende, der diese Entgleisung mit aller Schärfe rügte und den Anwalt zur Ordnung rief.

Der Staatsanwalt schloß sich dem an und fügte hinzu: Auf mich hat der Zeuge den denkbar besten Eindruck gemacht. Ich habe den Eindruck, daß er in allen Dingen, über die er nicht genau Bescheid weiß, sehr zurückhaltend war. Ich muß bitten, mehr Verhandlungsdisziplin zu halten.

91 »Münchener Post« vom 23. Juli 1931.

92 Carl Zuckmayer (1896 – 1977).
1931 erhielt Ödön von Horváth, gemeinsam
mit Erik Reger, auf Vorschlag Carl Zuckmayers den Kleist-Preis zugesprochen.
»Horváth scheint mir unter den jüngeren
Dramatikern die stärkste Begabung und
darüber hinaus der hellste Kopf und die
prägnanteste Persönlichkeit zu sein. Seine
Stücke sind ungleichwertig, manchmal
sprunghaft und ohne Schwerpunkt, aber
niemals wird sein Denken mittelmäßig... Es
ist anzunehmen, daß er der dramatischen
Kunst, die immer und ohne Einschränkung
eine Menschenkunst und eine Wortkunst
bleibt, neue lebensvolle Werke zuführen
wird.« *(Carl Zuckmayer)*

93 Ödön von Horváth.
»Daß ich den Kleistpreis bekommen habe, habe ich aus der Zeitung erfahren. Erst einige Tage später bekam ich die offizielle Mitteilung vom Vorsitzenden der Kleist-Stiftung, Fritz Engel. Ein Teil der Presse begrüßte diese Preisverteilung lebhaft, ein anderer Teil wieder zersprang schier vor Wut und Haß. Das sind natürlich Selbstverständlichkeiten. Nur möchte ich hier auch betonen, daß auch im literarischen Kampfe, bei literarischen Auseinandersetzungen von einer gewissen Presse in einem Tone dahergeschrieben wird, den man nicht anders als Sauherdenton bezeichnen kann.« *(Ödön von Horváth)*

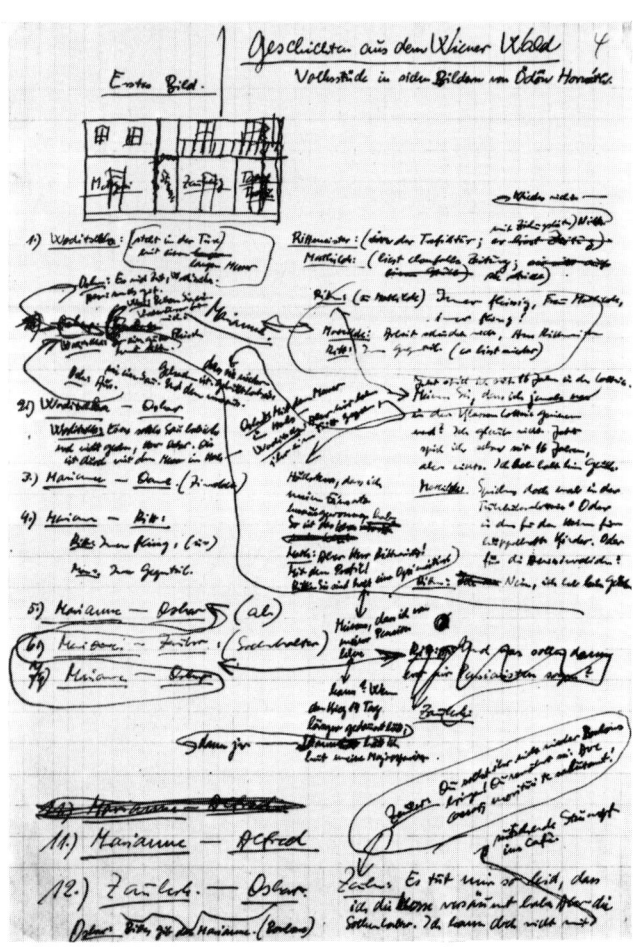

94 Entwurf zu »Geschichten aus dem Wiener Wald«.

95 Heinz Hilpert (1890-1967).

Heinz Hilpert (1966): »Als mir Horváth im Sommer des Jahres 1931 sein Stück ›Geschichten aus dem Wiener Wald‹ übergab und ich es gelesen hatte, war ich so fasziniert davon, daß ich sofort beschloß, es auch zu inszenieren. Horváth hatte der Medusa, die man das Leben nennt, fest ins Auge gesehen und ohne Zittern eigentlich das dargestellt, was geschieht, in dem, was zu geschehen scheint. Es war eine Wahrhaftigkeit und eine Unerbittlichkeit in der Darstellung der Beziehungslosigkeit der Menschen zueinander, daß man von einer großen Rohheit sprach, von Zynismus und Ironie; was alles nicht der Fall war.«

96 Hans Moser (Zauberkönig) und Lucie Höflich (Valerie).
Szenenfotos der Uraufführung von »Geschichten aus dem Wiener
Wald« am 2. November 1931 im Deutschen Theater in Berlin.

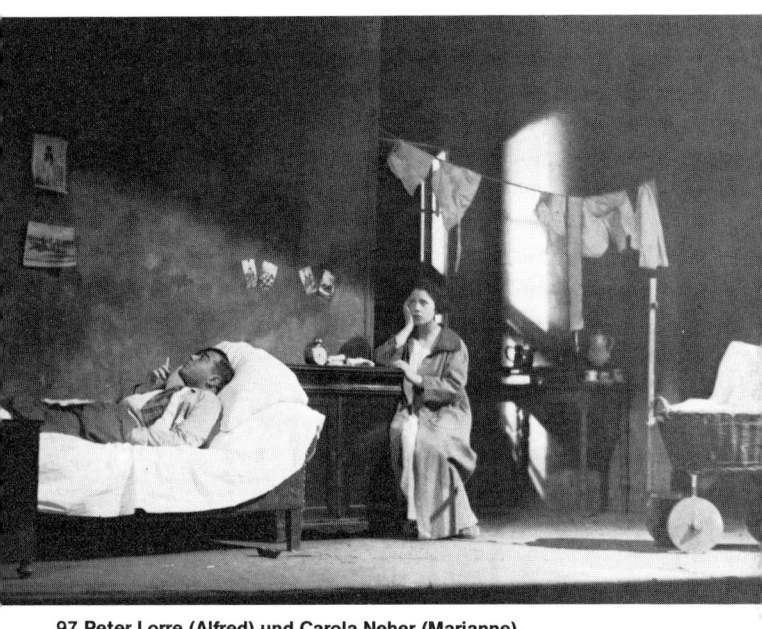

97 Peter Lorre (Alfred) und Carola Neher (Marianne).

98 Peter Lorre (Alfred), Lucie Höflich (Valerie), Frieda Richard (Großmutter), Carola Neher (Marianne), Heinrich Heilinger (Oskar) und Hans
Moser (Zauberkönig).

DEUTSCHES
THEATER

KRONEN-
KRAWATTEN

Und das Herz ver-gißt den Schmerz; Ler-chen ju-beln him-mel-wärts.

KURFÜRSTENDAMM
THEATER
KOMÖDIE

99 Faksimile des Programmheftes zur Uraufführung von »Geschichten aus dem Wiener Wald«.

BLÄTTER DES DEUTSCHEN THEATERS

HERAUSGEGEBEN VON FRANZ HORCH

HEFT III   SPIELZEIT   1931/32

Phot. Sonja Solnitz, Berlin

O D Ö N   H O R V Á T H

Hast du vom Kahlenberg das Land dir
rings besehn,
So wirst du, was ich schrieb und was ich
bin, verstehn.   GRILLPARZER

INHALT

QUELLENVERZEICHNIS: DER AUFSATZ VON PÖTZL IST DESSEN SKIZZEN „DIE LEUTE VON WIEN" (RECLAM,
LEIPZIG) ENTNOMMEN. — DIE SKIZZE „BEIM HEURIGEN" FINDET SICH IN DEM BUCH „WIENER BLUT"
VON FRIEDRICH SCHLÖGL (A. HARTLEBEN, WIEN). — DIE ERZÄHLUNG „DIE TRAFIKANTIN" STEHT IN
CHIAVACCIs BILDERBUCH „BEI UNS Z'HAUS" (WIEN, 1888). — DIE SCHILDERUNG DER KAFFEEHÄUSER IST
IN DER „NEUESTEN BESCHREIBUNG VON WIEN MIT VORZÜGLICHER RÜCKSICHT AUF ALLE MERKWÜRDIG-
KEITEN DIESER GROSSEN KAISERSTADT" (WIEN, 1812) ENTHALTEN. — DER BRIEF ÜBER WIEN STEHT IN
DEN „BEMERKUNGEN EINES JUNGEN BAYERN AUF EINER REISE DURCH DEUTSCHLAND AN EINE DAME
VOM STANDE" (LEIPZIG, 1806). — DIE SPRÜCHE VON ARTHUR SCHNITZLER SIND SEINEM „BUCH DER
SPRÜCHE UND BEDENKEN" (PHAIDON-VERLAG, WIEN) ENTNOMMEN. — SÄMTLICHE STRASSEN- UND
LANDSCHAFTSPHOTOS DIESES HEFTES STAMMEN AUS DEM ATELIER BRUNO REIFFENSTEIN, WIEN VIII.

NACHDRUCK DER BEITRÄGE DIESES HEFTES IST NICHT GESTATTET

EIN KAPITEL AUS DEN MEMOIREN DES
HERRN HIERLINGER FERDINAND

V O N   Ö D Ö N   H O R V Á T H

Am 7. August 1922 war ich sehr verliebt, und zwar in eine gewisse Frau Elisabeth Tomaschek aus dem VIII. Bezirk. Der Herr Tomaschek war damals gerade verreist, und so stand meinen Gefühlen fast nichts mehr im Wege. Ich gebs heut gerne zu, daß das moralisch nicht einwandfrei von mir war, aber von einem unvoreingenommenen Standpunkt aus betrachtet, war das doch nur natürlich. Die Natur ist halt bekanntlich etwas Ungerechtes, und obendrein war ich damals noch ziemlich hemmungslos, der Krieg war ja noch kaum vorbei.

Am 12. November 1928 kam nun der Herr Tomaschek, den ich inzwischen schätzen gelernt hatte, unerwartet zu mir. Er war seltsam erregt und sagte: „Ich hab grad eine Karambolage hinter mir!" Und dann setzte er es mir auseinander, daß diese Karambolage mit einem scharfen Wortwechsel zwischen ihm und seiner Gemahlin begonnen hätt, und zwar über das Thema, ob der Bubi humanistisch gebildet werden müßt oder ob er in die Oberrealschul gehen sollt. Die Frau war absolut für die Oberrealschul, weil diese ganz in der Nähe lag, aber er hatte eine Schwäche für das Unpraktische. Energisch verteidigte er den Wert des humanistischen Bildungsideals, und dabei entschlüpfte ihm leider Gottes ein ordinäres Schimpfwort. Die Frau schimpfte natürlich zurück, das ging so her und hin, bis die Frau (und für sie dürfte diese ganze Debatte wahrscheinlich nur ein Anlaß gewesen sein, um einer seit längeren Jahren aufgestapelten Antipathie das Ventil zu öffnen) — „und jetzt kommt die Karambolage!" schrie mich der Tomaschek an, „sagt das Luder nicht, daß sie am 7. August 1922 etwas mit dir gehabt hätt!"

„So", sagte ich, „also das find ich unerhört!"

„Ich möcht halt jetzt nur klar sehen", fuhr der Tomaschek fort, „ob das nämlich stimmt, denn wenn das nämlich stimmt, laß ich mich nämlich scheiden, das kann mir niemand zumuten, daß ich mit einer zusammenleb,

die sich mit dir eingelassen hat! Sags mir nur ruhig in das Gesicht, das wird unsere Freundschaft nicht stören! Ich bin dir nicht bös, denn du kannst ja nichts dafür. Meiner Seel, das Weib ist halt mal so ein Grundübel, die personifizierte Sünd, das Laster in persona!"

Während er so sprach, überlegte ich krampfhaft, wie ich vorgehen sollte. Also ein Familienleben wollte ich nicht zerstören, denn das wäre gegen meine Prinzipien gewesen, aber eigentlich wollt ich auch den braven Tomaschek nicht täuschen, ich hatte ein direkt miserables Gefühl bei dem Gedanken, daß ich sein verständnisvolles Vertrauen mißbrauchen könnt — doch schließlich siegte halt mein Altruismus: zwei Menschen, die das Schicksal gesetzlich zusammengefügt hat, sagte ich mir, dürften nicht voneinandergejagt werden, und solches erst recht nicht, weil dann der herzige Bubi auseinandergerissene Eltern hätt — und so antwortete ich dem Tomaschek: „Also das find ich von deiner lieben Gemahlin schon ziemlich legère, daß sie mich da in ein Drama hineinziehen möcht, bloß um dich zu echauffieren. Natürlich ist das alles erlogen!"

Mein Tonfall beruhigte ihn, und er reichte mir seine Hand. „Ich muß jetzt noch ins Continental", sagte er. „Also du glaubst mir?" fragte ich. „Ich glaub alles", sagte er, und es lag eine gewisse Resignation in seiner Stimme.

Kaum war er weg, rannte ich zu seiner Frau. „Elisabeth!" fuhr ich sie an, „Der Viktor war grad bei mir und hat sich erkundigt —" — „Ich weiß schon!" unterbrach sie mich. „Einen Schmarrn weißt du!" brüllte ich, und das war alles programmgemäß. „Ich hab ihm natürlich gebeichtet, daß ich was mit dir gehabt hab, weil er mich an meiner Ehre gepackt hat! Und jetzt möcht er sich partout scheiden lassen!" — „Also endlich!" sagte sie und setzte sich.

Das hatte ich nicht erwartet, denn ich wollte ja gerade das Gegenteil. Ich dachte sie durch mein erfundenes Geständnis einzuschüchtern, aber jetzt mußte ich mit ansehen, daß sie direkt erleichtert tat. Momentan wußte ich garnicht, was ich sagen sollte. „Du kannst es ja garnicht wissen", unterbrach sie plötzlich die Stille und sah mich lang an. „Was denn?" erkundigte ich mich kleinlaut. „Wie gut, daß er und ich zusammenpassen",

sagte sie und betrachtet spöttisch meine modernen Schuhe. „Ich hätt mich ja mit dir nie eingelassen", fuhr sie fort, „wenn ich nicht gewußt hätt, daß er sich mit allerhand Menschern abgibt". Nun stand sie am Fenster, und das sah aus, als wollte sie überall hinaus. Auch aus sich hinaus. „Und der Bubi?" fragte ich plötzlich scheinbar en passant, denn nun kam mein letzter Trumpf. „Wenn sich der liebe Viktor jetzt scheiden läßt, bist natürlich du der schuldige Teil, und den Bubi kriegt natürlich der liebe Viktor". Das riß sie aber sehr zusammen! „Was sind das für unnatürliche Gesetze?!" schrie sie und war fürchterlich verzweifelt. Es war dies wirklich keine Mache von ihr, sondern Muttergefühl.

In diesem Augenblick trat abermals unerwartet der Tomaschek ein. „Was machst denn du da?" fragte er mich mißtrauisch, aber sie ließ mich nicht antworten, sondern stürzte sich weinend auf ihn, umklammerte ihn und jammerte zum herzerbrechen. Immer wieder bat sie ihn unartikuliert um Verzeihung und küßte ihm sogar die Hand. Er sah mich fragend an. „Ich hab ihr nur grad vorgehalten," sagte ich, „wie sie nur sowas behaupten kann, daß ich was mit ihr gehabt hätt, wo das doch garnicht wahr ist." Also eine solche Wirkung haben meine Worte noch kaum jemals gehabt. Sie taumelte direkt von Tomaschek zurück und zitterte direkt verprügelt. Und dann schaute sie mich an, und das war derart unheimlich gehässig, daß es mir eiskalt hinunterlief. Aber der Tomaschek machte bloß eine wegwerfende Geste. „Sie ist halt blöd, das arme Hascherl!" sagte er.

So rettete ich eine Familie vor dem Verfall.

BRIEF ÜBER WIEN AN EINE DAME VOM STANDE

Wahrlich, für den deutschen Nordländer, der diesen Kaisersitz zum ersten Male betritt, und nicht gerade wie ein Mantelsack reist, ist außer dem Interesse, welches ihm tausend neue Gegenstände einflößen, schon der Anblick dieser, durch ihr Alter ehrwürdige Stadt interessant.

Es ist wahrlich sonderbar, meine Freundin, daß in einer so großen, reichen, luxuriösen Stadt, wie Wien, nicht mehr für die Bequemlichkeiten der Reisenden

gesorgt ist, denn was ist wohl nach einer mühseligen Reise wünschens-
werther, als in einem reinlichen Hause, an einer schmackhaften Tafel usw.
sich erholen zu können.

Man muß wissen, daß hier die Tables d'hotes, die man in Sachsen und
Brandenburg antrifft, nicht gewöhnlich sind, sondern daß nur Portionenweise
gespeist wird, eine Sitte, die keineswegs meinen Beyfall hat, denn sie lähmt
die gesellschaftliche Unterhaltung, die oft an den Tables d'hotes im nörd-
lichen Deutschland so interessant ist, und wo der Fremde zugleich Gelegenheit hat, sich Kenntnisse von dem Lande, den Sitten, der Sprache und den
Gebräuchen der Einwohner usw. zu erwerben; alles Vortheile, welche nur die
Tables d'hotes gewähret, die aber das Partienweise Speisen völlig unmöglich
macht. Diese Art zu speisen ist daher meiner Ansicht nach äußerst egoistisch;
sie füllt den Magen, verengt aber das Herz und den Geist, und ist keineswegs
geeignet, die Banden der geselligen Tugenden weder zu befestigen, noch zu
knüpfen.

Mein Kellner also, von dem ich, unbekannt mit der Wiener Mundart, an-
fänglich glaubte, er spräche die Samskritta-Sprache, ermüdete nicht, mir
seine Küchen Litaney zu wiederholen, von der ich endlich einige Sylben
zu verstehen begann, ohne jedoch mehr als einen dunkeln Begriff von dem
Ganzen seines Vortrags zu bekommen. Damit Sie, m. F., mir aber nicht,
wie einst die Königin Elisabeth einem Geistlichen auf der Kanzel zurief,
er utrire, ein Gleiches thun mögen, so will ich Ihnen hiermit einige, der
für mich unverständlichen Namen jener Speisen aufzeichnen. Was schaffen
Ew. Gnaden (ein Titel, mit welchem der gemeine Mann in Ostreich und
Bayern jeden Gentleman apostrophiert) lautete meines Kellners Anrede.
Was giebts, entgegnete ich ihm — ein Brandsuppen, Rindsfläsch mit
Kartuffeln, Bratwürstel mit Sauerkraut, Einmachfläschl, Aer-
speise, Fanzel, Tukantel, einen lämmernen Hasen und der Himmel
weiß, welche baroke Namen er mir noch mehr nannte, von denen mir einer
immer mehr als der andere terra inkognita war, ich wählte endlich auf gut
Glück, und belustigte mich während der Mahlzeiten noch lange mit diesem
komischen Debut.

KAHLENBERGSCHWÄRMEREI
VON EDUARD PÖTZL

Man darf es ohne jede Überschwenglichkeit sagen: ein Ausflug auf den Kahlenberg an einem schönen Herbsttage gehört zu den größten Genüssen, die eine Landschaft bieten kann. Mag es auch den Widerspruch der Frühlingsdichter und Sommerschwärmer herausfordern — ich wage zu behaupten, daß die bescheidene und doch so anmutige Hügelwelt um Wien zu keiner Jahreszeit das Auge so entzückt, als dann, wenn es die Farben des Oktober trägt.

Es ist immer eine etwas gedämpfte Stimmung, mit welcher wir im Herbste die Stadt verlassen und ins Freie wandern. Der Herbst macht nachdenklich, empfindsam, träumerisch. Auch wenn die Sonne noch nicht hinter ewig grauen Wolken verborgen ist, fühlen wir an Leib und Seele die Abnahme ihrer das Erdenleben lenkenden Kraft. Es dämmert im Innern des Menschen, und er wartet stille, bis man die Winterlampe bringt. In diese weiche Stimmung gräbt sich der Eindruck des matten Herbstwebens tiefer ein, als die grelle Sommerlust in den durch lange genossene Gunst übermütig gewordenen Sinn. Wir sind zufrieden, noch Laub an den Bäumen zu sehen, auch wenn es bereits gelb ist. Und siehe da, unser Blick kann, während die Zahnradbahn allmählich emporkeucht, die farbenstrotzende Schönheit des ringsum erstehenden Bildes kaum fassen.

Wir haben sie vor kurzem noch grün gekannt alle diese sanften Waldabhänge, und sie waren da, wenn das Sonnenlicht in dem Buchenlaub spielte, lieblich genug. Heute ist ihr Grundton dunkler, satter: ein eigentümliches Rot, als hätten wir ein Glas von dieser Farbe vor den Augen. Mannigfaltige Lichter spielen auf dem noch fernen Waldesgrund, als ob die früh scheidende Herbstsonne vor ihrem Sinken jedesmal einige von ihren leuchtenden Tönen zurückgelassen hätte. Hier blinkt es förmlich von gelben Punkten und Streifen, dem Rot so aufgesetzt, wie es die Maler auf der Leinwand zu machen pflegen, wenn sie starke Lichtwirkungen hervorbringen wollen. Dort glüht es feuerrot aus dem Samt des Laubes; ein unerklärliches Violett schimmert daneben, und an dem Wiesenhang am Waldessaum fließen gar drei ausgesprochene Farben ineinander: das Grün der kurzgeschnittenen

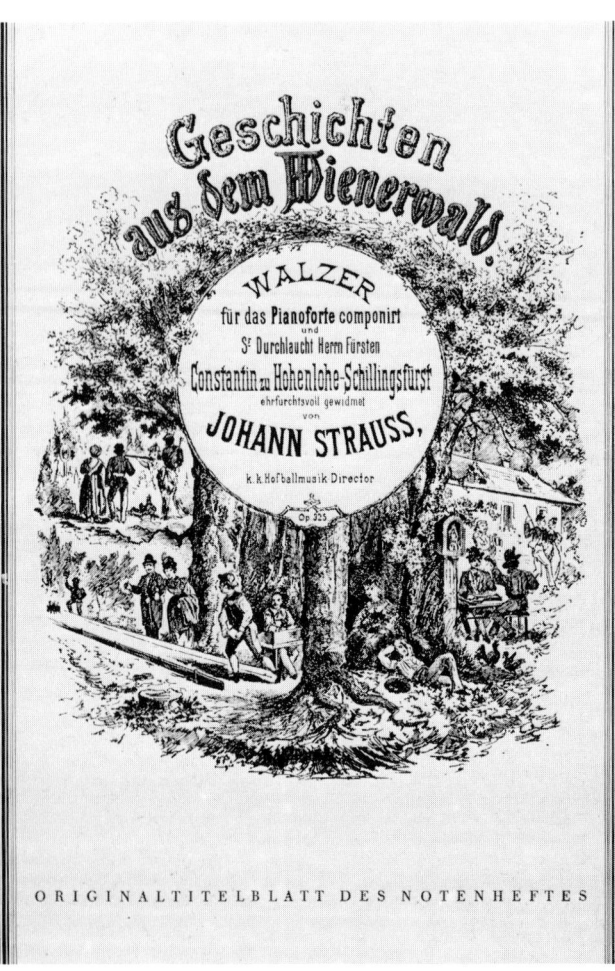

ORIGINALTITELBLATT DES NOTENHEFTES

DEUTSCHES THEATER

Anfang 7½ Uhr   Ende nach 10 Uhr

Montag, den 2. November 1931
Uraufführung

Geschichten
aus dem Wiener Wald

Ein Volksstück in 3 Teilen (15 Bildern)
von
Oedön Horváth
Regie: **Heinz Hilpert**
Bühnenbilder: **Ernst Schütte**

P E R S O N E N

Die Mutter	Lina Woiwode
Alfred	Peter Lorre
Die Großmutter	Frida Richard
Der Hierlinger Ferdinand	Willy Trenk-Trebitsch
Valerie	Lucie Höflich
Oskar	Heinrich Heilinger
Ida	Felicitas Kobylanska
Havlitschek	Josef Danegger
Rittmeister	Paul Hörbiger
Marianne	Carola Neher
Eine gnädige Frau	Elisabeth Neumann
Zauberkönig	Hans Moser

P E R S O N E N

Erste Tante	Hedwig von Lorré
Zweite Tante	Jula Benedek
Erich	Paul Dahlke
Emma	Sylva Havran
Helene	Grete Jacobsen
Dienstbote	Maria Secher
Baronin	Cäcilie Lvovsky
Beichtvater	Hermann Wlach
Kavalier	Max Lammer
Mädchen	Saluta Kobylanska
Der Mister	Karl Huszar-Puffy
Der Conferencier	Hans Ströhm

Musikalische Leitung: Kurt Heuser

Pause nach dem II. Teil (11. Bild)

Technische Einrichtung: Franz Dworsky

Beleuchtung: Paul Hoffmann

Die Ausstattung beim „Zauberkönig" lieferte die Firma Zauberkönig, Friedrichstraße 54

Grashalme, das Lila der Herbstzeitlosen und das ernste Schwarz einer Fichtengruppe. Das alles baut sich auf dem Vordergrund der Weinberge auf, wo noch die Trauben an den Stöcken hängen. Wie mächtige grüne Wogen erheben sich der Nußberg, die Grinzinger und Sieveringer Weingelände zu den Wäldern hinan, und diese schwingen sich über die Kuppen der Berge hinüber, so daß kein nackter, starrender Fels den Wohllaut dieser Linien durchbricht. Im Dunste der Ebene liegt die große Stadt leblos unten. Nur einige Fenster glitzern, wenn die Abendsonne ihre schrägen Strahlen dahin wirft, mit ihrem ganzen Glorienschein aber die zarten Umrisse der weithin gelagerten Hügelketten übergießt. Dann ist es auch Zeit, aus der Höhe niederzusteigen und, nach einem letzten Blick auf das wunderbare Farbenkästlein zu unseren Füßen, den Waldweg zu beschreiten, der abwärts führt.

Noch ein kurzer Spaziergang durch den schon im grauen Abendschatten liegenden Wald, und die Station Krapfenwaldl ist erreicht. Auf der Zahnradbahn erhält man sogar einen Sitzplatz; denn der Dienst ist vortrefflich geregelt. Nun aber hört jede Schwärmerei auf; gleich in Nußdorf beginnt der Kampf um einen Platz auf der Dampftramway. Die Szenen, welche sich hier an jedem Sonntag abspielen, spotten der Beschreibung. Die Waggons werden in einem Maße vollgepfropft, das selbst die schlimmsten Erwartungen der Wiener übersteigt, und man weiß, was dieselben in diesem Punkte vertragen können. Trotzdem begnügen sich die armen Opfer meist mit einem bloßen Gejammer über ihr Schicksal und mit der nutzlosen Erörterung der Tatsache, daß es anderswo anders ist. Wenn einer schimpft, so ist es gewöhnlich ein Fremder, welcher aber rasch dadurch versöhnt wird, daß ihm die Wiener sofort recht geben und auch ein bißchen mitschimpfen. Das erleichtert ihnen das Herz, kostet nichts und hilft nichts. Anderwärts würden Extrazüge veranstaltet werden, wenn es das zu genießen gäbe, was uns der Kahlenberg bei Mondbeleuchtung in so schöner Bescheidenheit gewährt. Aber noch seltsamer ist es, daß so wenigen Wienern ein Punkt aus dem Kahlenberge bekannt ist, welcher für sich allein eine Wallfahrt dahin verlohnen würde. Ich meine den kleinen alten Friedhof westlich unterhalb des Hotels, einst Begräbnisstätte der alten Ortschaft Josefsdorf, zu welcher auch nebst dem Kirchlein und den Überresten des Klosters der Camaldulenser das Hotel samt den Nebengebäuden gehört.

Es war eine gar lustige Kumpanei, welche da die Fahrstraße vom Hotel abwärts stieg, bis nach wenigen Minuten links ein Seitenpfad am Waldrande eingeschlagen wurde. Das Gespräch verstummte allmählich, je näher wir einer einfachen, hölzernen Einfriedung kamen, innerhalb welcher der Friedhof gelegen ist.

Eine tiefe, fast beängstigende Stille umfing uns. Wir standen innerhalb einer ernsten, hochragenden Baumgruppe, welche eine Reihe von Grabsteinen und Grüften beschattete. Ein breiter Streifen Mondlicht von dem offenen

Wege jenseits der Gruppe her ließ uns endlich die Umrisse der Denkmäler unterscheiden.

Und wir treten leise auf, damit nicht einmal das Rascheln der dürren Blätter den ewigen Schlaf derjenigen störe, die hier umschlungen von den Wurzeln der herrlichen Bäume unten ihre Gebeine strecken in der geliebten Erde der Heimat. Ein leises kühles Wehen geht durch den Totenhain, und zu unsern Häupten, auf der waldschwarzen Kuppe des Berges oben, rauscht es auf gleich einem tiefen Atemzuge der schlummernden Welt.

An einer gotischen Gruftkapelle vorüber, die uns mit ihren gläsernen Augen zu verfolgen scheint, verlassen wir die friedvolle Stätte, wo das emsige, halb zerstörende, halb neuschaffende Walten der Natur dem Tode seine Schrecken geraubt und ihm anstatt dessen das Wesen sanfter Anmut aufgedrückt hat. Im Hotel, dessen zierliche Holzgiebel und Balkons munter durch die lichte Nacht zu uns herabblickten, trinken wir dann noch eins — von wegen dummer Gedanken! . . .

B E I M   H E U R I G E N
V O N   F R I E D R I C H   S C H L Ö G L

Beim Heurigen! — Die Wiener sind bekanntlich vorwiegend ein biertrinkendes Volk, und diese Inclination hat sich trotz der verlockenden Reize der weltberühmten Gaben ihrer sie fast einschließenden Rebenhügel bis zum orthodoxesten Kultus gesteigert, seitdem vor einigen Dezennien die beiden Gerstensaftapostel *Held* und *Dreher* in Liesing und Schwechat ihre gloriose reformatorische Thätigkeit begannen. Seit dieser neuen Bieraera trinkt eben alles Bier, von der zarten Primadonna der Hofoper bis zur minderzarten Amme, vom Unterstaatssecretär bis zum Magistratspracticanten, vom protzigsten Börsenparvenu bis zum Feuilletonisten eines Volksblattes, von Frl. Geistinger bis zu Fr. Stubl — und nur in den Zwischenpausen, wenn Wien kein Bier trinkt, trinkt es Wein: Château Lafite oder Markersdorfer, Moet, Crémant rosé oder Retzer, Piesporter oder Mailberger — oder auch „Heurigen" — und gar besonders für letzteres Spezies bewahrte der Urwiener von jeher ein nationales Faible, das nicht selten in blutig geschlagenen Köpfen der Parteigenossen zum begeistertsten Ausdruck kam. Der „Heurige" ist vielleicht sogar das Bindemittel, das den Wiener inmitten der Bierschwärmerei dennoch Bacchus, dem „fröhlichen Knaben", nicht ganz untreu werden läßt, und das ihn, wenn die „Saison" naht, daran mahnt, daß er klimatisch, geographisch und landwirthschaftlich eigentlich an den Wein gewiesen ist.

Unter „Heurigem" versteht der Wiener eigentlich den vorjährigen, mit anderen Worten den „jungen Wein", der, wenn der süffige „Most" seine perfide Aufgabe erfüllt und der furiose „Sturm" die Herbstsaison stürmisch beschlossen, nach dieser „Sturm- und Drang" Periode nur eines kurzen Zwischen-

WIEN, HEURIGENGARTEN IN SIEVERING

Phot. Reiffenstein

aktes zur „Klärung" bedarf, um seine Herrschaft anzutreten und wieder bis zur
Zeit der Kelterung der Trauben als junger Wein. oder nach der euphemistischen
und anakronistischen Abbreviatur der Wiener als „Heuriger" zu regieren. Most,
Sturm und Heurigen trinken und tranken aber die Bewohner (und Bewohne-
rinnen) der alten Phäakenstadt samt Umgebung nicht ungerne, vielmehr gerne,
ja in besonders gesegneten Weinjahren sogar mit — tödlicher Leidenschaft.
Die Geschichtschreiber der Vorzeit, d. h. die vormärzlichen Blätter und
auch mündliche Überlieferungen von Seite ergrauter Kenner des „Gerebelten"
und „Rieslers" und „Schmeckerten" wissen nämlich unglaubliche Taten zu
berichten von jenen endlosen Völkerwanderungen, wie sie z. B. im Jahre
1834 ff. nach den Vororten Wiens sich ergossen und gegen welche die un-
sterblichen Bacchuszüge des herumzigeunernden, fidelen Gottes der gottlosen
Alten in Nichts zerfallen. Denn die Dionysosse des V. U. W. W. sollen auf
der Heimkehr von ihren touristischen Ausflügen in die spezifischen Heurigen-
gefilde nicht so melodische Ausrufe wie das historische: Evoe! Eleucus!, von
dem einst Indien widerhallte, ausgestoßen haben; im Gegenteile sollen die
klassischen Sieveringer und Grinzinger Täler, die Hernalser Kulturen usw. usw.
von den tumultuösen Exklamationen des profansten „Schweigels" durchbraust
worden sein, unter denen die gelallten Solfeggien unserer vorstädtischen
mütterlichen Mänaden und das Geheul der vaterländischen Pardel: der von
den benebelten Kindern gepeinigten Pudel, stets am fürchterlichsten erklangen.

Der „Heurige" hat immer und von jeher sein eigenartiges Publikum, und nur eine „gewisse" Volksschichte bildete seine stabilen Stammgäste. Freilich machte sich dann und wann auch ein Konsortium von enragierten „Weinbeißern" der besseren Stände auf den Weg und pilgerte hinaus in die elysäischen Felder Nußdorfs und des Kahlenbergerdörfels, auf jenen Etappenstationen Rast haltend, wo symbolisch „unser Herrgott die Hand herausstreckt", zum Zeichen, daß es hier gut sei und man sich niederlassen möge.

Beim „Heurigen" war ferner das Rendezvous der sogenannten „feschen Geister" (beiderlei Geschlechts); beim „Heurigen" war der Sammelplatz jener sorglosen und leichtlebigen jungen und alten Herren, deren Virtuosität darin bestand, all das, was sie besaßen, möglichst schnell zu „verjuxen" und zu „verhauen"; zum „Heurigen" kamen alle jene, denen „a Zithern" und „a harber Tanz" und „s' Klanglanett" zum Leben so unentbehrlich war, wie dem Fisch das Wasser, und denen das berüchtigte geflügelte Wort: „Verkauft's mein G'wand, i bin im Himmel!" zum gerechten Ärger der himmlischen Heerschaaren aus dem überseligen Busen quoll.

Zum „Heurigen" kam schließlich auch der Kern des Wiener Volkes von den „Gründen", der tiers état der Vorstädte „mit Kind und Kegel" und wälzte sich mitunter, wenn er im kalten Vorfrühling oder frostigen Herbst bei besonders starkem Andrange unter der Einfahrt auf leeren Fässern Platz nehmen mußte, dafür im Sommer überwohlig im Grase.

Phot. Reiffenstein

W I E N ,   K A H L E N - U N D   L E O P O L D S B E R G

KAFFEEHÄUSER

Das erste öffentliche Kaffeehaus im christlichen Europa wurde in Wien im Jahre 1683 errichtet. Der Unternehmer war ein Pohle, Nahmens Koltschitzky, welcher während der damaligen Belagerung der Stadt den Wienern als Spion diente, und sich nachher vom Kaiser Leopold dem I. die Gnade ausbat, ein öffentliches Kaffeehaus herstellen zu dürfen. Gegenwärtig sind in der Stadt und in den Vorstädten ungefähr 75 Kaffeehäuser. Sie sind vom frühen Morgen bis in die Mitternacht offen; man bekommt daselbst Kaffee - Surrogate, Thee, Chocolade, Punsch, Limonade, Mandelmilch, Cheaudeau, Liqueurs, in einigen zur Sommerzeit auch verschiedene Arten Gefrornes. Seit dem allgemeinen Verbothe des Kaffees genießen diese Häuser auch Ausschanks- und Traiteurs-Gerechtigkeit. In den meisten sind besondere Zimmer für die Liebhaber des Tobakrauchens.

Phot. Reiffenstein
WIEN, BRUNNEN AM SOBIESKY-PLATZ

Auch kann man darin die erlaubten Kartenspiele, die Brettspiele und besonders Billard spielen. Fast jedes Kaffeehaus ist mit einem, zwey, auch wohl drey und vier Billard versehen, und diese sind für die Eigenthümer ein großer Gewinnst; ein fleißig benütztes Billard bringt des Tages gegen 50 Gulden ein. Für die Liebhaber von Neuigkeiten sind die bekanntesten erlaubten, deutschen, französischen, italienischen und englischen Zeitungen vorhanden.

Die Kaffeehäuser, welche am meisten besucht werden, sind:

Jenes bey der Krone, des Marcelli (gewöhnlich Taroni); jenes auf dem neuen Markte; neben der Hauptmauth; auf dem Spitalplatz; auf dem Stefansplatz und unter den Tuchlauben.

Phot. Reiffenstein
WIEN, SCHONLATERNGASSE

DIE TRAFIKANTIN VON VINCENZ CHIAVACCI

Fräulein „Elise" kann sich rühmen, die bestbekannte Persönlichkeit in der Gasse und über die angrenzenden Ecken herum zu sein. Eigentlich gehört die Trafik ihrer Mutter, einer Hauptmannswitwe. Da diese aber schwerhörig ist, und deshalb mit den Kunden nur mühselig verkehren kann, so ruht das ganze Geschäft in den zarten Händen des Fräuleins „Elise". Freilich werden die meisten Menschen denken, wenn sie in einen Tabakladen eintreten und die Verkäuferin mit Umsicht und Fertigkeit hantieren sehen, während sie einer Kunde die neueste Sensationsnachricht von der Gasse mittheilt; „was ist da Großes daran? Ich glaube, das könnte ich auch treffen!" Ja, so sind die Menschen! Was sich leicht ansieht, das wähnen sie, müsse auch leicht zu verrichten sein! Wenn die Diplomatie eine Kunst, die Menschenkenntnis eine Wissenschaft, die Geduld eine Tugend, die Beredsamkeit eine Gabe ist, so gibt es wenige Menschen, welche diese schönen Dinge so vereint besitzen, wie unsere Tabaktrafikantinnen. Ein altes Sprichwort sagt: „Beim Towakkramer kommen d'Leut z'samma." Und in der That, während sich andere Orte, wie der „Greisler", der „Millimann", der „Bäck", der „Röhrbrunnen", der „Kaufmann" nur rühmen können, gewisse Gesellschaftsclassen bei sich zu sehen, kommt in die Tabaktrafik Alt und Jung, Hoch und Nieder; der Schusterlehrbub und der Herr Hofrath, die böhmische Köchin und die Frau Professorin.

Fräulein Elise empfängt alle diese Gäste mit derselben Freundlichkeit, weiß bei Jedem den richtigen Ton anzuschlagen; ist einerseits ein gesuchtes Gefäß für discrete Mittheilungen, andererseits eine unversiegbare Quelle für pikante Enthüllungen. Sie hört die Klagen der Pepi, der Köchin aus dem Hirschenhaus, über ihre bissige Frau mit demselben Gleichmuth an, wie die mit schwulstigem Pathos vorgetragenen Weltbeglückungstheorien des Versatzamtsbeamten Haimerle.

Die Straße ist noch menschenleer. Fräulein Elise zählt das Kleingeld zusammen und ordnet und ergänzt ihren Vorrath an Cigarren. Während dieser Manipulation huschen die Zeitungsausträger herbei und legen ihre Pakete auf den Ladentisch. Von diesen Leuten erfährt sie die ersten Sensationsnachrichten. „Kaiser Wilhelm schon wieder ohnmächtig", ruft der Eine, und huscht wieder zur Thüre hinaus. „Der Zalewski möcht' gern a Hochverräther sein, höchste Hetz", sagt der Andere und verschwindet. — „In Ihnerer Gassen hat's heut Nacht brennt, das wissen Sö gar net?" fragt ein Vierter, „steht schon Alles haarklan in unsern Blatt." Fräulein Elise macht sich eilig über die Zeitungslectüre. Bis die ersten Käufer kommen, muß sie sämtliche Romanfortsetzungen, die interessanten Feuilletons, Gerichtsverhandlungen und sensationelle Tagesneuigkeiten gelesen haben; denn man verlangt von ihr schlechterdings, daß sie Alles wisse, was im heutigen „Blattl" drinsteht.

Ein alter Herr, welcher kein Wort spricht, und die für ihn bereitliegenden Cigarren in Empfang nimmt, folgt auf die Resi vom Lampelhaus', die mit dem Millihäferl hereinstürzt: „Hab'n scho g'hört, hab'n scho g'hört, a todts Kind is g'fund'n word'n im Canal — um fünf Kreuzer Tiroler — lebensfähig war's, der Hausmaster-Schani hat's sogar schrei'n g'hört — zwa Virginier — aber Weiberln; i hab' an' Verdacht, Ihna sag' i's; aber sag'n S' Niemand'n was" — sie neigt sich zu ihrem Ohre und flüstert einen Namen.

Nun folgt ein rasches Kommen und Gehen von Lehrbuben, Dienstmägden; später kommen Geschäftsleute, Beamte, Lehrer.

Als Herr Lechner, ein hübscher, etwa 30jähriger Mann mit einem blonden Vollbart, den Laden betritt, erröthet Fräulein Elise, und das Gespräch, welches sich zwischen den Beiden entspinnt, wird mit halber Stimme geführt. Herr Lechner ist Eisenbahnbeamter und schätzt das brave Mädchen schon einige Jahre; die Neigung, welche er für sie fühlt, ist nicht unerwidert geblieben, das weiß er, obwohl darüber nie ein Wort gewechselt wurde.

Nachdenklich und mechanisch versieht Frl. Elise ihren Dienst. Sie ahnte, daß Lechner ihr diesmal etwas Besonderes sagen wollte, und ihr Herz schlägt in banger Erwartung. Doch um Mittag wird er ja wiederkommen und da findet sich vielleicht eine freie Minute. Vielleicht! — Bis Mittag hat sie kaum eine Minute Zeit. Tabak, Cigarren, Briefmarken, Zeitungen werden in kurzen Zwischenräumen verlangt. Fast alle verlangen von ihr detaillierte Berichte über Tagesneuigkeiten oder localen Tratsch.

Endlich erscheint Herr Lechner wieder. Sie sind diesmal allein. Frl. Elise weiß sich nicht zu fassen, und auch der Mann ihrer Neigung findet nicht gleich die Worte für seine Gefühle. Endlich stammelt er: „Wie preise ich den Zufall, Fräulein, daß wir endlich allein sind" — Da stürzt eine dicke Dame aufgeregt in den Laden und flüstert

WIEN, HAUS IN DER FASSZIEHERGASSE

Phot. Reiffenstein

ihr zu: „Wieviel hat er?" — Fräulein Elise überreicht ihr den Zettel und flüstert: „siebzehn Cuba zu Fünf."

Herr Lechner hatte sich inzwischen wieder trübselig davongeschlichen, spätabends erst wird er geduldig vor dem Laden patrouillieren. Wann Frl. Elise dazu kommt, ihm die Antwort zu sagen, ist vorderhand nicht abzusehen.

Phot. Reiffenstein

S P I T Z   A N   D E R   D O N A U   (W A C H A U)

BEZIEHUNGEN VON
ARTHUR SCHNITZLER

Der Wunsch, der Drang oder gar die Leidenschaft, eine seelische Beziehung zu erleben, zu erfahren, zu erleiden, ist regelmäßig primär vorhanden, noch ehe das würdige oder ersehnte Objekt sich dafür gefunden hat. Und in den seltensten Fällen bringt eine menschliche Seele die Geduld auf, das richtige Objekt zu erwarten.

Ob im Einzelfalle das ideale Objekt überhaupt vorhanden ist, ob also z. B., um vorerst von der populärsten Gefühlsbeziehung, der Liebe, zu reden, zwei Menschen füreinander bestimmt sind, in dem Sinne, daß der eine oder der andere oder beide niemals geliebt hätten, wenn nicht zufällig eine Begegnung zwischen ihnen erfolgt wäre, das ist höchst zweifelhaft.

Der Mensch w i l l lieben, w i l l hassen, ebenso wie er Schadenfreude, Entrüstung, Neid, Bewunderung empfinden w i l l. Und so wird er das Objekt im allgemeinen in der Richtung des geringsten Widerstandes, wenn auch wahrscheinlich nie das ideale Objekt, zu finden wissen. Darum genügt oft ein ganz unbeträchtlicher Anlaß, um eine Verliebtheit hervorzubringen und die Verliebtheit in Leidenschaft ausarten zu lassen, und ebenso stellt sich häufig genug aus den nichtigsten Gründen eine Antipathie ein, die sich unter gewissen Umständen rasch zu Haß steigert oder steigern läßt.

Der Genius des Hasses auf Erden ist vielleicht noch ein gewaltigerer als der Genius der Liebe. Und gewiß ist innerhalb von Gruppen, also z. B. in Völkerschaften, die Bereitschaft zum Haß stets größer als die zur Liebe. Es kann wohl vorkommen, daß eine Menschengruppe zu einem Einzelnen eine schwärmerische Verehrung faßt: daß sich aber zwei Gruppen schwärmerisch verehrend zueinander verhalten, und insbesondere, daß hieraus irgendwelche Konsequenzen gezogen werden, ein solcher Fall wird wohl nie beobachtet worden sein. Und daß ein Volk sich an ein anderes anschließt oder gar begeistert anschließt, es sei denn aus gemeinsamem Haß gegen ein drittes, ist im Verlaufe der Weltgeschichte noch niemals erlebt worden. Daher haben auch, wie sich in der Politik immer wieder zeigt, Völkerbündnisse stets nur ephemeren Wert.

*

Das Herz ist geschaffen zu lieben und zu hassen, sich zu freuen und zu leiden, zu jubeln und zu klagen. Wenn es sich aber müht, zu verstehen — was allein dem Geiste zukommt, so versündigt es sich gegen seine Natur; und wenn es endlich zu verstehen glaubt, belügt es sich immer nur selbst, und daran geht es zugrunde.

*

Die Anteilnahme der Nebenmenschen an unserem Schicksal ist Schadenfreude, Zudringlichkeit und Besserwisserei in wechselndem Gemisch.

*

Wir sind in jedem Falle verdammt, unsere Nebenmenschen auszunützen; nicht nur aus sogenannten egoistischen Gründen, sondern in einem tieferen Sinne: zur Erfüllung unseres durch unsere Anlagen bedingten Schicksals. Die Menschen, die wir zu diesem Zwecke nicht brauchen können, entfernen wir unwillkürlich aus unserer Nähe, und mit unbewußtem Scharfblick wählen wir aus der Menge der uns Begegnenden eben diejenigen aus, die i h r e m Wesen nach dazu ge-decken und entfalten schaffen sind, uns und so unser Schicksal das u n s e r e ent-erfüllen zu lassen.

Verlag u. Anzeigenannahme: Bepa-Verlag Benski & Pakuscher, Berlin W 50, Regensburger Str. 21, B 4 Bavaria 6697 (Samm.-Nr.)
Druck: Selmar Bayer, Berlin SO 36, Reichenberger Str. 79/80, F 8 Oberbaum 9251 / Umschlag u. Satzbild: *Heinrich Huffmann*

Julius Bab:

. . . Die Handlung hat den simplen Umriß alter Volksstücke, sie geht, bei lauter Episoden liebevoll verweilend, sehr langsam vorwärts, sie ist auch gewiß zuweilen krasser und gröber als für den künstlerischen Zweck nötig wäre – aber sie steckt voller Talent! . . . noch nie ist dem Autor eine ernsthafte Szene von so großem Stil gelungen, wie diese Gretchenvariation: das arme Wiener Mädel im Beichtstuhl, das vieles bereuen will, aber durchaus nicht sein Kind, das Kind, das doch sein Glück ist! Und das dann dasteht und mit rührend verzweifeltem Ernst in den Himmel fragt: „Lieber Gott, ich bin im achten Bezirk geboren und habe die Bürgerschule besucht, ich bin kein schlechter Mensch, hörst du mich, was hast du mit mir vor, lieber Gott? — — Es ist außer jeder Frage, daß der ein Dichter ist, der solche Szene schreiben konnte. — Hier ist viel mehr als Satire, als brutale Negation, hier ist ein sehr echtes, sehr fruchtbares Gefühl für die leidende Kreatur lebendig geworden. Ein kämpferischer und schöpferischer Ernst. Zuckmayer hat seinen Kleistpreis durchaus nicht an den Unrechten gegeben. — Es war ein ganz großer Theaterabend. Und wenn trotzdem einige Leute zischend ihren Ingrimm über die entschleiernde Schärfe Horváths bekunden mußten, so werden das wohl Söhne und Enkel der Leute sein, die auch beim „Vierten Gebot", auch bei Hauptmanns „Sonnenaufgang" und ein wenig früher bei den „Räubern" gezischt haben. Die anderen klatschten lebhaft und taten recht daran.

Berliner Volkszeitung.

Oscar Bie:

. . . Oedön Horváth, der Kleistpreisträger, ist nun in das Deutsche Theater eingezogen. Seine „Geschichten aus dem Wiener Wald" bestanden ihre Uraufführung sehr gut und erweckten, je weiter der Abend vorrückte, einen desto stärkeren Beifall.
. . . Immer, wenn ein Ausschnitt aus dem Volksleben mit gut gewürzten Gesprächen auf der Bühne sich abspielte, zeigte sich der Did ter von seiner besten Seite. Er hat schön beobachtet und den Dialog sehr bodenständig durchgeführt. Von all den Lokalitäten, auf die sich die Szenen verteilen: der Landaufenthalt in der Wachau, die Wiener Straße mit den Läden des Fleischers, des Puppenhändlers, der Trafik, die Bohèmestube der wilden Ehe, die Landpartie mit den Fotografien, die Kirche mit dem Beichtvater — der Heurigengarten mit der tollen Sing- und Tanzlustigkeit Wiens mit dem ganzen Jubel aller dieser aufeinander gepferchten Schicksale und Menschen, die sich in Berauschtheit verlieren: ein Höhepunkt des Bühnenlebens, der Verschmelzung von Person und Milieu, wie man ihn selten in diesem Hause erlebt hat. Hier brach der Erfolg des Stückes durch und wird sich nun Abend für Abend auf lange Zeit wiederholen.

Dresdner Neueste Nachrichten.

Bernhard Diebold:

. . . Der Dichter Horváth aber zeigt sich hier auf der Höhe seiner Menschenkennerschaft und Wahrheitsliebe: Marianne wird sich nicht umbringen oder in heroischem Stolz auf Oskars Lebensversorgung verzichten. Sie, die Gott in der Kirche so innig und so vergeblich um einen Ausweg anrief; sie, die umsonst an Mann und Kind und wienerischen Familiensegen zu glauben wagte; ja Marianne resigniert, wird bürgerlich erweicht, tritt ein in ihres treuen Oskars Heim . . . Bring' Glück heim.

Diese banale Geschichte ist der Alltag. Aber der witzige Horváth souffliert dem Alltag die Sprache ohne Walzer-Rhythmus. Man lacht vor so viel trauriger Zoologie. Die Marianne, der Zauberkönig, die Trafikantin und die dämonische Großmutter werden aus ihren Reden zur Figur. Ein neuer Wiener Volks-Mythus ist damit angebahnt. Das Dichterische kommt aus der Konstellation der Bilder. Die Szene mit der blinden Pianistin, das trockene Liebesgespräch an der schönen blauen Donau, des Teufels Großmutter, die mit dem Stock die Kinderwiege stupst, — ha, das ist geschaut und gebildert . . . Es ist ein großer Abend der deutschen Schauspielkunst. Es ist ein hoffnungsvoller Abend der deutschen Dichtkunst.

Frankfurter Zeitung.

Alfred Kerr:

. . . Eine stärkste Kraft unter den Jungen, Horváth, umspannt hier größere Teile des Lebens als zuvor.

In den Stücken von einer Bergbahn, von einer schwarzen Reichswehr gab er Wirtschaftliches und Kämpferisches. In der himmlischen „Italienischen Nacht" den besten Zeitpaß dieser Läufte. Jetzt malt er . . . ein ganzes Volk.

So umspannt er weit mehr als zuvor.

Horváth ist ein ehrlicher Kopf mit einem Blick von heut. Einer der zu uns gehört. Ihn ergötzt jeder Unterschied zwischen dem freundlich übertünchten Außen und dem verdammt hintergründigen Innern.

Und da er kein Spielverderber ist: so malt er auch die lockend lieben Seiten und die höchst gewinnende Dummheit dieser angenehm Zurückgebliebenen, mit ihren schwätzigen, nichtigen molletten Alltagssorgen. Und (neben der Schlamperei) die Grausamkeit alles menschlichen Geschicks, die noch auf so triebhaftiges Behagen einer wabbligen Sippe niederfährt.

Kurz: eine junge Kraft mit starken Aussichten schrieb das alles. Stärker zwar im einzelnen als im Umriß. Doch ein Könner.

Unter den Jungen ein Wer; ein Geblüt; ein Bestand. Ansonst ist hier kein Zurückschrauben in die Fibeldummheit; sondern ein Saft. Und ein Reichtum.

Berliner Tageblatt.

Erich Kästner:

. . . Das Deutsche Theater hat mit „Geschichten aus dem Wiener Wald" einen großen Erfolg zu buchen. Es ist einmal der Erfolg einer hinreißenden Aufführung, zum andern ein Erfolg Horváths, des diesjährigen Kleistpreisträgers.

Horváth schrieb hier ein Wiener Volksstück gegen das Wiener Volksstück. Er übernahm die aus Filmen, Operetten und Dramen bekannten pensionierten Rittmeister, die süßen Mädel, die nichtsnutzigen Hallodri,

die familiensüchtigen Kleinbürger; er übernahm den Plüsch, aber er klopfte ihn aus, daß die Motten aufflogen und die zerfressenen Stellen sichtbar wurden. Er zeigte die Vorder- und die Kehrseite der überkommenen Wiener Welt. Er ließ diese Leute ihre Lieder singen, ihren plauschenden Dialekt sprechen, ihre Heurigenlokale trunken durchwandern und zeigte darüber hinaus die Faulheit, die Bosheit, die verlogene Frömmigkeit, die Giftigkeit und die Borniertheit, die hinter und in jenen marktgängigen Eigenschaften stecken. Er zerstörte nicht nur das überkommene Wiener Figuren - Panoptikum, er gestaltete ein neues, echteres, außerdem. **Neue Leipziger Zeitung.**

Alfred Polgar: .

. . . Ein Volksstück und die Parodie dazu. Es kann bei der Herstellung auch umgekehrt zugegangen sein, nämlich so, daß zuerst im Ulk war, und daß der Dichter Oedön Horváth ihn erst später, im Zug der Arbeit verernstete. — Wie dem auch gewesen sei: es entstand eine bedeutsam umdunkelte Groteske, deren Schatten über das Oesterreichische hinaus in das sogenannte allgemein Menschliche fallen.

Das ganze bizarre Spiel ist von einer eiskalten Witzigkeit, in der auch das bißchen warmer Atem, das gelegentlich eine oder die andere Figur von sich gibt, sofort als frostiger Dampf niederschlägt. Die dramatische Begabung Oedön Horváths erweisen seine „Geschichten aus dem Wiener Wald" zwingend. Er sieht scharf und gestaltet mit knappster Oekonomie der Mittel. Seine Figuren lösen sich deutlich ab von ihrem menschlichen, sozialen Hintergrund, ohne daß dieser jemals aus dem Spiel verschwände. **Die Weltbühne.**

Franz Servaes:

. . . Horváth ist ein ausgezeichneter Menschenbeobachter von starkem Theatersinn. Ganz lebenswahl und zweifellos die beste Gestalt in Horváths Stück: eine fesche Wiener Tabaktrafikantin in bereits reiferen Jahren, die ihre Verehrer wie die Handschuhe wechselt. **Leipziger Neueste Nachrichten.**

Paul Goldmann:

. . . Namentlich die Heldin Marianne ist eine lebendige Gestalt. Der Vater, der Rittmeister und einige Episodenfiguren sind ebenfalls gut gezeichnet. Auch dramatische Begabung ist nicht zu verkennen. Es pulsiert Theaterblut in dem Stück, und manche Szene hat dramatischen Wurf. Oedön Horváth ist, namentlich wenn man sein Werk mit anderen Produkten heutiger deutscher Bühnenschriftstellerei vergleicht, zweifellos ein Talent. **Neue Freie Presse.**

Kurt Pinthus:

. . . Ein außerordentliches und außerordentlich aufnahmebereites Publikum mußte an einem langen Abend erkennen, daß das von Zuckmayer mit dem Kleistpreis ausgezeichnete Stück Horváths zwar kein ausgezeichnetes, aber ein hochbegabtes, das bitterste, das böseste, das bitterböseste Stück neuerer Literatur ist. **8-Uhr-Abendblatt.**

Rudolph Lothar:

. . . Oedön Horváth ist ein Zeichner im Genre von Georg Groß, mit dem er die größte künstlerische Verwandtschaft hat. Ein brillanter Karikaturist, ein schonungsloser, bitter und bissig lachender Spötter.

Das Stück hat Erfolgschancen in sich, weil es eine Fülle von Karikaturen, die scharf und lebendig vor uns stehen, auf die Bühne bringt. Da ist zum Beispiel ein Rittmeister, den Paul Hörbiger prachtvoll spielt. Eine jener typischen, altösterreichischen Figuren, die im heutigen Dasein wie anachronistische Kuriositäten wirken. Da sind der Schlächtermeister und sein Geselle, die direkt aus der Wiener Vorstadtgasse auf die Bühne des Deutschen Theaters gestiegen sind. Da ist vor allem der Zauberkönig, den Hans Moser spielt, mit der gewollten komischen Diskrepanz zwischen der äußeren Erscheinung des gemütlichen Wiener Geschäftsmanns und dem tyrannischen, hartherzigen Vater, der in diesem gemütlichen Urwiener steckt. Und alle die anderen Wiener Figuren, von denen das Stück wimmelt, illustrieren in reichster Fülle den satirischen bunten Bilderbogen, der das Stück eigentlich ist. Großer Erfolg. **Neues Wiener Journal.**

Hans Siemsen:

. . . Oedön Horváth, der junge Autor, hat eben den Kleistpreis bekommen. Wie er mit diesem Stück beweist: zu Recht! . . .

Dieser Theaterabend ist einer der bisher wichtigsten. Dies bitter-böse Volks-Stück trifft den Teil des Theaterpublikums, der satt und amüsementsbereit, nur leichte Emotionen wünscht, gedankenfaul an „liebgewordenen" Klischees hängt, — mitten auf den Kopf, ins Herz und in den Bauch. **Welt am Montag.**

100 Prospekt des Arcadia-Verlages, Berlin.
Im Februar 1932 veröffentlichte der Arcadia-Verlag ein »Flugblatt« über Horváths Volksstück mit dem »Urteil hervorragender Berliner Kritiker«.

101 Max Reinhardt (1873-1943).
102 R.A. Stemmle (1903 – 1974)
Max Reinhardt war bis 1932 künstlerischer Leiter des Deutschen
Theaters in Berlin. Er regte Ödön von Horváth an, eine Ausstattungs-
revue »Magazin des Glücks« zu schreiben.
R.A.Stemmle (1957): »Reinhardt schwebte eine große Ausstattungs-
show vor, eine Art überdimensionales ›Haus Vaterland‹ , in dem die
Besucher wahrhaft glücklich sein konnten...Die Texte sollte Walter
Mehring schreiben, die Musik Friedrich Holländer. Horváth und ich
saßen in der Villa Mendelssohn im Grunewald, wo Ödön von Hor-
váth liebevoll aufgenommen worden war, und dichteten drauflos.
Nachts, nach den Vorstellungen, erzählten wir Reinhardt in seinem
Büro im ›Deutschen Theater‹ die geplanten Szenen und Horváth las
ihm auch einige Dialoge vor, die in der scharfen, treffenden, manchmal auch bösartigen Dialektik Reinhardt sehr amüsierten.
Die herrschende allgemeine Theaterkrise ließ das Projekt nicht
lebensfähig werden. Es hatte auch bei uns schier überdimensionale
Ausstattungsausmaße angenommen, die nur schwer zu realisieren
gewesen wären. Aber das Erfinden und Bosseln an dieser story
machte uns – ohne Vorschußzahlungen – große Freude.«

103 Wera Liessem.
104 Hertha Pauli (1909 – 1972).
Anfang der dreißiger Jahre lernte Ödön von Horváth in Berlin Hertha
Pauli und, etwas später, Wera Liessem kennen. Mit beiden blieb er
bis zu seinem Tod befreundet.

105 Arbeitslosigkeit in Deutschland.
Seit 1929 war die Zahl der Arbeitslosen in Deutschland ständig ange-
stiegen. Waren es 1931 noch drei Millionen, gab es ein Jahr später
bereits etwa sechs Millionen Arbeitslose in Deutschland.

106 Arbeitslose vor dem Schalter eines Arbeitsamtes.
»50.000 Bolschewisten haben die russische Revolution gemacht. In
Deutschland gibt es schätzungsweise 6 Millionen Wähler der
Kommunistischen Partei. 200.000 Faschisten haben in Italien
Mussolini zur Macht verholfen. Hinter der nationalsozialistischen
Partei Adolf Hitlers in Deutschland stehen möglicherweise 12 Mil-
lionen Wähler. Wie lange kann das Leben der deutschen Republik
dauern?« *(H.R.Knickebocker, Deutschland so oder so. Berlin 1932)*

107 Schaustellertruppe auf dem Münchner Oktoberfest.
»Das Münchner Oktoberfest droht zu einer Katastrophe für die
vielen kleinen Unternehmer, Schausteller und Händler zu werden.
Zu der schlechten wirtschaftlichen Lage kommt heuer noch das naß-
kalte Wetter, das gar kein Ende nehmen will. Der Besuch des Festes
ist in den Spätnachmittagstunden geradezu trostlos...Die Kellnerin-
nen in ihren schmucken Dirndlkostümen sitzen arbeitslos beisammen
und unterhalten sich über die schlechten Zeiten...Zwar stehen vor
den Buden der Hühnerbratereien zahlreiche Interessierte, die stun-
denlang mit Behagen zusehen, wie die Hühner sich am Spieß drehen
und langsam braun werden. Aber die Zaungäste sind keine
Interessenten, denn 4 Mark für ein Hendl zu zahlen ist nur wenigen
möglich.« (*München-Augsburger Abendzeitung*, 26.9.1931)

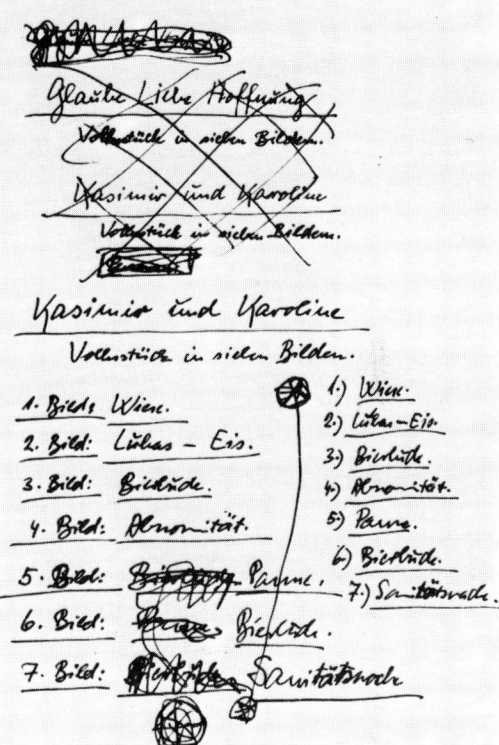

108 Manuskriptblatt zu »Kasimir und Karoline«.
»Sieben Szenen von der Liebe, Lust und Leid, und unserer schlechten Zeit...Den Untertitel wählte ich, er drückt das Balladeske aus von Leid und Zeit. Eine Anspielung im Titel auf das Oktoberfest ließ ich weg, weil das Oktoberfest an und für sich nicht das wichtigste ist.« *(Ödön von Horváth)*

109,110 Bühnenbildentwürfe von Caspar Neher. »Eingang zum
Rummelplatz« und »Oktoberfest«.
Von Caspar Neher (1897-1962) stammten die szenischen Entwürfe
für die Uraufführung von Horváths Volksstück »Kasimir und Karoline«,
das – nach der Uraufführung am 18. November 1932 im Leipziger
Schauspielhaus (Regie: Francesco von Mendelssohn) – ab
25. November im Komödienhaus in Berlin gespielt wurde.

111,112 Szenenfotos der Uraufführung mit
Luise Ullrich (Karoline), Karl Stepanek
(Schürzinger) und Fritz Kampers (Merkl
Franz), Hermann Ehrhardt (Kasimir),
Blandine Ebinger (Erna).

Gebrauchsanweisung

Ich hatte mich bis dato immer heftig dagegen gesträubt, mich in ir-

gendeiner Weise, ~~(in der Form eines Vorwortes zu allerletzt)~~ über meine

dramatische Produktion zu äussern, ~~zu~~ nämlich ich ~~habe es mir erlaubt, so~~

~~~so~~ naiv ~~zu~~ sein und bildete mir ~~ein~~ ein~~zuwähnen~~, dass man Ausnahmen bestättigen

~~kann~~ die Regeln (leider in diesem Falle) meine dramatische Produktion auch

ohne Gebrauchsanweisung verstehen wird. Heute gebe ich es unumwunden zu, dass

dies ein/ub ~~sträblicher~~ Irrtum meinerseits gewesen ist. ~~Meine Gebrauchanwei-~~

~~sung zu geben.~~

Heute bin ich u. a. um folgende Erfahrungen reicher:

1. dass Ironie mit Satire, und Satire mit Parodie verwechselt

wird. ~~Warum, das geht mich nichts an,~~ interssiert mich nicht.

2. dass die Synthese von Ironie und Realismus, die ich erstrebe,

als Zynismus gewertet wird. Oder ~~der als Hanswurstinde oder un~~-

~~gewollte~~ Komik (letzteres sind die ganz Dummen)

3. dass die Aufführungen den Stil meiner Stücke (bis auf wenige

Szenen) nie richtig wiedergegeben haben -- (dies soll aber kein

Vorwurf sein, ~~sondern nur eine Feststellung)~~ Ich kann es von

~~niemand verlangen, ein Stück von mir richtig zu inszenieren, so~~-

~~lange ich selbst nicht darüber im Klaren bin. Heute bin ich mir~~

~~darüber im Klaren).~~

Bevor ich nun auf die Verbotsparagraphe ~~betr. Regie und Darstellung~~

betr. Wiedergabe meiner Stücke übergehe, will ich nur noch kurz folgendes

bekanntgeben: nicht nur "Kasimir und Karoline", sondern alle meine bisheri-

gen und soweit ich mich überblicken kann, alle meine nächsten Stücke haben

ein Thema: ein einziges dramatisches Thema: Kampf des sozialen Bewstseins

gegen das asoziale Triebleben und umgekehrt. Die sogenannte dramatische Hand-

lung ist ~~eine~~ rein sekundäre Angelegenheit, ist nur der Rahmen.

Alle meine Stücke, ~~Seits~~ meiner Motive, sind Tragödien, resp. tragisch.

~~Lassen Sie den kontrollierenden Intellekt. Auf er sagt heb, es ist doch garnicht so ironisch beseite, so haben Sie Tragödien.~~

Nun aber zur Gebrauchsanweisung betr. Regie(und auch dies gilt für alle meine Stü

Es ist strengstens verboten:

1. Meine Stücke Das Stück auf Milljöh hin zu inszenieren. In diesem Stück ist keine Milljöhschilderung. Es verleitet den Regisseur, dann fällt aber alles unter den Tisch. Es ist ein Stück, das ich nicht geschrieben habe.

2. Realistisch zu spielen. Das Stück muss übersetzt gespielt werden, es kann gar nicht genug übertrieben in Maske und Kostüm auf realistischer Basis gespielt werden, weil die Leut so dumm sind, und wenn man etwas nicht faustdick aufträgt, dann verstehen sie es nicht. Echwürde nun verschiedene Klassen, Schattirungen geben in der Uebarspitzung: ~~(...)~~ *(ein abtönen Realismus)*

Erste Gruppe:

3. Das Stück darf nicht also unzengruorisch gespielt werden. Es basiert auf den Traditionen der Volkssänger — die Szenen sind Auftritt szenen, bei denen der Hintergrund wechselt. Die Musik als Entree, wie bei einem Couplet. Die Regiebemerkungen müssen überhaupt peinlichst eingehalten werden, besonders, wenn es heisst: keine Musik. — Natürlich genügen zu diesem Stück 10 Statisten, immer dieselben, gleich angezogen, am Anfang und am Ende. Statisten sind nur sichtbar, wenn sie auf der Bühne direkt in die Handlung eingreifen, sonst haben sie die Bühne zu verlassen — es darf kein Wort der Dialoge unter den Tisch fallen.

4. Aller trengstens verboten, Dialekt zu sprechen.

5. Parodistisch zu spielen. Keines meiner Stücke ist eine Parodie.

113 Ödön von Horváth, der sich mit den Inszenierungen seiner Stücke sehr kritisch auseinandersetzte, entwarf 1932 eine »Gebrauchsanweisung«.

114 Lukas Kristl (geb. 1903).
Lukas Kristl schrieb Gerichtssaalberichte
für die »Münchner Post«. Seine Artikel übten
scharfe Kritik an Gesellschaft und Justiz.
»Vor Gericht ist das Betrug« war jener
Prozeßbericht von Lukas Kristl, der als Anregung für »Glaube Liebe Hoffnung« diente.
Bei einem Gespräch » – ich glaube es war
im Weinhaus Neuner – wurde das Stück
geboren. Andere Gespräche und ein reger
Briefwechsel folgten. Ich hatte Tatbe-
stände und Szenen zu liefern, und Horváth
schmolz das Stück in seine Form um.«
(*Lukas Kristl*, 1957)

Bor Gericht ist das Betrug.

Die junge Angeklagte reiste in Korsetten. Jawohl, das gibt es auch noch im Zeitalter des Bubikopfes. Auf der Suche nach einer neuen Reisevertretung kam sie zu einem Kaufmann in G., dem sie als Verkaufskanone empfohlen war. Der Mann engagierte sie. Notwendig war nur noch ein Wandergewerbeschein, der 200 Mark kostete, ein Betrag, den die neue Vertreterin nicht aufzubringen vermochte. Der Geschäftsherr streckte ihr daher auf ihr Ersuchen das Geld vor.

Die Angeklagte bat brieflich die Eltern in K. ihr diesen Wandergewerbeschein zu besorgen. Diese wandten sich ans Gewerbeamt und erhielten dort den Bescheid, die Antragstellerin müsse selber kommen. Diese hatte inzwischen das vorgestreckte Geld dazu benutzt, eine dringliche Reststrafe von 110 M. zu bezahlen, andernfalls sie ins Gefängnis hätte müssen und so die neue Existenz zum Teufel gegangen wäre. Sie wendete das eine Unglück ab. Allein das andere kam sogleich. Sie erkrankte nach 14 Tagen und mußte mehrere Monate im Krankenhaus liegen. Nun klagte der Kaufmann wegen Betrug.

Dem Gericht erklärte er, er habe sich vor allem deshalb zu den Kredit von 200 M. für den Wanderschein herbeilassen, weil die Angeklagte ihm gegenüber ihren Vater als Zollinspektor ausgegeben habe. Die Angeklagte bestritt dies. Von einem Zollbeamten sei keine Rede gewesen. Sie habe Versicherungsbeamter gesagt, was ihr Vater auch sei. Da müsse ein Hörfehler vorliegen. Im übrigen sei sie der Meinung gewesen, daß sie das Geld für den Schein längst verdient habe, bis dieser aus K. käme. Durch diese Rechnung habe ihr die plötzliche Erkrankung einen Strich gemacht.

Der Staatsanwalt hielt die junge Korsettenreisende für sehr raffiniert. Er bezweifelte sehr, ob ihr Versuch, durch die Eltern in K. einen Wandergewerbeschein zu erhalten, überhaupt ernst gemeint war. Seiner Ansicht nach handelte es sich hier eher um ein Vorsichtsmanöver, inszeniert zu dem Zweck, sich hinterher bei einer Betrugsanzeige ausweisen zu können.

Der Verteidiger bemühte sich um einen Freispruch. Er plädierte: Selbst wenn die Angeklagte ihren Vater als Zollinspektor ausgegeben hätte, was nicht stimme, so läge hier trotzdem noch kein Betrug vor, weil die Betrugsabsicht gefehlt habe. Die Angeklagte habe sich ernsthaft um einen Schein bemüht. Dafür, daß sie dann erkrankt sei, könne sie nichts.

Das Gericht sagte so: Nach seiner Meinung habe sich die Angeklagte schon um einen Schein bemüht, aber zunächst das Geld entgegen seiner Bestimmung zur Bezahlung einer Geldstrafe verwendet. Wenn man auch anerkennen müsse, daß sie bestrebt gewesen sei, die Sache wieder gutzumachen, so habe andererseits doch gerade die Zusicherung, daß der Vater Zollbeamter sei, den Zeugen wesentlich zur Hergabe des Geldes bestimmt.

Das Urteil lautete wegen Betrugs im Rückfall auf die Mindeststrafe von 3 Monaten Gefängnis. Bedingter Strafelaß wurde gewährt.

K.

115 Bericht in der »Münchener Post« vom 13./14. Juli 1929.

Ueber die Entstehung meines Volksstückes "Glaube Liebe Hoffnung"

Im Fasching 1932 traf ich einen Bekannten, einen Ge-
richtssaalberichterstatter namens Lukas Kristl. Dieser sagte zu
mir damals ungefähr folgendes: er verstünde die Dramatiker nicht, warum
dass diese Dramatiker, wenn sie den Tatbestand und die Folgen eines wirklichen oder vermeintlichen (Justizirrtum) Vrbrechens dramatisch bearbei-
ten, immer nur sogenannte Kapitalverbrechen bevorzugen, die doch relativ
selten begangen (oder in Hinblick auf den Justizirrtum nicht begangen)
werden, und warum also die Dramatiker sich niemals um die vermeintlichen
oder wirklichen Tatbestand und Folgen der kleinen Verbrechen kümmern,
doch landauf landab tausendmal begangen und aburteilt werden — für
die vielmehr unschuldig verurteilt werden. Und deren Folgen sehr häufig
denen des lebenslänglichen Zuchthauses ähneln, den bekanntlich: einmal in
Konflikt gekommen, dauernd in Konflikt — ja er als Gerichtssalberichter-
statter sieht das ja tag für Tag, wie diese kleinen und kleinbaren Parag-
raphe und Polzeivorschriften die Menschen nichtmehr auslassen, umklammern
und schliesslich erwürgen. Dabei dreht es sich ursprünglich, primär um Vergehen, von denen die meisten Menschen garnicht wissen, dass es Vergehen
sind, aber Unwissenheit schützt nicht vor Strafe, usw.

Ich erwiderte ihm darauf ungefähr folgendes: die
Leut im Theater sehen sich aber lieber an, wie einer umgebracht wird, als
wie das, wie einer zum Beispiel wegen ein Vergehen bestraft wird, vielleicht gar noch bedingt. Dazu ziehen sich die Leut nicht an, um ins Theater zu gehen! Wenn schon Justiz, dann muss es schon ein richtiger kor-
rekter Mord sein, oder ,Justizmord — das ist die Hauptsach, auch in den
Sensationsstücken Justizstücken, die sich mit den Folgen beschäftigen. (Sensationsstücken)
Es interessiert nur der Kriminalfall politische
Fälle, niemals aber die 1800 Jahr Zuchthaus für ein Schätz.

116 Entwurf zu einem Vorwort für »Glaube Liebe Hoffnung«.

117 Ödön von Horváth.

Die kalten Zeiten

118 »An allen Hochschulen wird am 10. Mai 1933 das zersetzende
Schrifttum den Flammen überantwortet.« (*Deutsche Kultur-Wacht,*
1933, Heft 9)
Nach der Ernennung Adolf Hitlers zum Reichskanzler am 30. Januar
1933 verließ Horváth Deutschland. Heinz Hilpert wurde von den
Nationalsozialisten veranlaßt, »Glaube Liebe Hoffnung«, das er bereits
zur Uraufführung angenommen hatte, abzusetzen. Auch andere an
deutschen Bühnen geplante Aufführungen von Stücken Ödön von
Horváths fanden nicht mehr statt.
In Murnau wurde das Haus der Familie Horváth von einem SA-Trupp
durchsucht, in München auf dem Königsplatz die Rollenbücher seiner
Stücke, zusammen mit den Werken anderer Dichter, verbrannt.

119 »Dr.Rainer Schlösser ist der Reichs-
dramaturg und stellvertretender Präsident
der Reichstheaterkammer. Früherer Kultur-
Schriftleiter des ›Völkischen Beobachters‹,
Schüler Adolf Bartels' und Dichter fein-
sinniger Sonette, überwacht er heute das
deutsche Theaterleben.« *(Zeitgenössischer
Kommentar)*
Dr. Rainer Schlösser: »...Ödön von Horváth
besaß die Frechheit, die Nationalsozialisten
anzupöbeln. Seine ›Italienische Nacht‹
zeichnet uns als Feiglinge, die durch ein
einziges Schimpfwort seitens einer Frau in
die Flucht geschlagen werden können. Wird
sich der Ödön noch wundern!« (*Völkischer
Beobachter* vom 14. Februar 1933)

120 Franz Theodor Csokor (1885-1969).

Oedön-Horvath-Premiere am Reinhardt-Seminar

Oedön Horvath hat soeben ein neues Stück vollendet, »Die Unbekannte in der Seine«, das von Direktor Dr. Preminger zur Uraufführung angenommen wurde. Interessanterweise wird aber die Uraufführung nicht im Theater in der Josefstadt, sondern im Schönbrunner Schlößtheater, dargestellt von Schülern des Reinhardt-Seminars, unter Regie Dr. Premingers selbst, erfolgen.

»Mein neues Stück«, erzählt Oedön Horvath, »ist ein ausgesprochenes literarisches Experiment. Seine Aufführung muß für jeden Theaterdirektor zunächst als ein Wagnis erscheinen.

Ich bin selbst der Ansicht, daß es höchst fraglich ist, ob das Stück im Abendrepertoire eines großen Theaters zu seiner Geltung kommen könnte. Bei der herrschenden Situation im Theaterleben bedeuten Stücke, die in irgend einer Weise ein gewagtes Experiment darstellen, ein ganz außerordentliches Risiko. Ich finde es daher sehr schön, daß das Stück am Reinhardt-Seminar von jungen Leuten aufgeführt wird. Die Premiere soll noch im Jänner erfolgen, die Bühnenbilder entwirft Oskar Strnad. Von der Wirkung, die das Stück im Schönbrunner Schlößtheater haben wird, wird es abhängen, ob es vielleicht doch in einen Abendspielplan übernommen werden kann.

Das Stück selbst versucht eine Möglichkeit darzustellen, wie sich das Schicksal der Unbekannten in der Seine, der Selbstmörderin, deren Totenmaske ja allgemein bekannt ist und von deren Tragödie man nie etwas erfahren hat, ja immer nur sovieles bis heute ein Geheimnis geblieben ist, abgespielt haben kann. Die Anlage der Handlung ist so, daß ihr Schauplatz nicht unbedingt Paris, sondern jede Stadt sein kann. Das Experiment aber besteht in der Form des Stückes. Am ehesten vielleicht erinnert es an den Versuch, den Franz Theodor Csokor mit seinem Stück »Musik« untermommen hat. So ist der Versuch, das Komische und Groteske der Tragik aufzuzeigen. Selbstverständlich habe ich meine eigene Form, und der Hinweis auf »Musik« soll nur die Richtung des Experiments andeuten.

Ich werde keineswegs verwundert sein, wenn das Publikum den hier erfolgreichsten und tragikomischen Stellen im Gelächter aufbricht. Es soll aber gezeigt werden, wie die tragischen Ereignisse sich im Alltagsleben oft in eine komische Form kleiden. Das Stück repräsentiert aber keineswegs das was man eine Tragikomödie nennt. Es ist ein ganz und gar tragischer Stoff und die Komik, die ihm das Alltagsleben verleiht, kann beispielsweise

darin liegen, daß ein Dialog erschütternden Inhaltes in Unterhosen geführt wird.

Voraussichtlich im Februar dürfte ein anderes Stück von mir, das vorher fertig wurde, »Hin und her« am Deutschen Volkstheater herauskommen. Zu diesem Stück hat der Komponist Hans Gal, der bereits von der Städtischen Oper in Berlin aufgeführt wurde, eine neue Musik nach sehr entzückende Musik geschrieben.«

Maria Eisner über ihr Staatsopern-Gastspiel

In der heutigen »Fledermaus«-Aufführung an der Staatsoper gibt Maria Eisner die Rolle der Adele. Maria Eisner, die vor kurzem den bekannten Dramatiker Oedön Horvath geheiratet hat und den Wienern von ihren Gastspielen am Theater an der Wien, zuerst in Lehars »Schön ist die Welt« und zuletzt in »Die Dame mit dem Regenbogen« bekannt ist, erzählt über ihr erstes Auftreten an der Wiener Oper:

Ich habe die Rolle der Adele bereits in Dresden an der dortigen Oper gesungen und auf Grund meiner damaligen Leistung wurde ich vor zwei Jahren an die Dresdener Oper engagiert. So will es also eine gute Omen bedeuten, daß mein erstes Auftreten an der Wiener Staatsoper nun ebenfalls die Adele in der »Fledermaus« ist.

Mit Direktor Clemens Krauß und Titeldarsteller Dr. Kerber bin ich bereits in Dresden zusammengekommen, aber auch in Salzburg, wo ich während der Festspiele an den »Figaro«-Aufführungen mitwirkte. Nun bin ich überglücklich, daß mein Traum, der ja wohl der Traum einer jeden Sängerin sein muß, in Erfüllung geht, an der Wiener Staatsoper singen zu können. Ich bin nun der Arbeit in der Wiener Staatsoper schon jetzt sehr begeistert, ich kann mir gut vorstellen, daß es jeden Opernkünstler begeistern muß, unter der Leitung von Männern wie Direktor Krauß und Direktorat Dr. Kerber zu wirken. Ich hoffe nun, daß ich auch den Wiener Opernpublikum gefallen werde.

Ende Jänner fahre ich nach Paris, wo ich wahrscheinlich in der Reinhardtschen »Fledermaus«-Aufführung, ebenfalls die Adele singen werde. Überdies habe ich noch ein zweites Projekt, und zwar soll ich in Prag am Deutschen Theater bei Direktor Oser in »Der Traum einer Nacht« gastieren.«

Lilia Stalla wieder am Deutschen Volkstheater

In Stephan Kamares Lustspiel »Der junge Baron Neuhaus« tritt unter Bebehaltung der übrigen Besetzung geltern zum ersten Male Lilia Stalla als Maria Theresia auf. Die schon früheren Wirten der Renaissancebühnen und am Deutschen Volkstheater in sympathischer Erinnerung verbliebene Künstlerin hat nach längerem Auslandsengagement erfreulicherweise nunmehr den Weg zurück nach Wien gefunden. Durch neue und durchaus individuelle Auffassung der Rolle bringt sie einen ganz neuen Zug in die in jeder Beziehung tadellose, in prachtvolle Ausführung. Die jugendlich natürliche Heiterkeit spielt sie ebenso tadellos wie die Königliche Liebergärmtbtt. Christl Mardayn, Rose Stradner, Hans Olden, Hans Moser, Otto Schmöle und Heinrich Schnitzler ernteten neue Lorbeeren.

Saska Leontjew

gibt mit der Konzertsängerin Jda Szerzewstsa einen Tanz- und Liederabend am 18. Jänner, halb 8 Uhr abends, im großen Saal der Urania. Mitwirkend Fred Mer. Am Flügel Professor Carl Laste und Professor Otto Schulhof.

2000 Jahre Musik auf der Schallplatte

Unter diesem Titel hält Magim Stempel am Samstag, den 18. Jänner, 8 Uhr abends, in der Volkshochschule, 16. Bez., Ludo-Hartmann-Platz 7 (Stadtbahnhaltestelle Burggasse), einen interessanten Vortrag, der Proben altgriechischer, frühchristlicher, mittelalterlicher, Renaissance- und Barockmusik zu einer Auswahl anschaulichen »Tönenden Musikgeschichte« zusammenfaßt. Karten 30 Gr. in der Volkshochschule, bei Banbi, 1. Bez., Kärntnerstraße 44, und bei Gronner am Graben.

---

121 »Wiener Allgemeine Zeitung« vom 11. Januar 1934.
Es fand weder die vom Wiener Reinhardt-Seminar für 1934 geplante Uraufführung der »Unbekannten aus der Seine«, noch die im Deutschen Volkstheater in Wien vorgesehene Uraufführung von »Hin und her« statt.

»...Deine ›Unbekannte aus der Seine‹ bringt also das ›Theater der Neunundvierzig‹ im Keller des Hôtel de France als nächste Premiere? Das Stück gehört natürlich auf eine richtige Bühne und es ist eine Affenschande, daß in einem Land, wo man vorhanden noch das Maul aufmachen kann, und nicht nur zum Fressen, sondern auch um etwas zu sagen wie Du – damit in eine Katakombe gegangen werden muß. Und das ist umso widerlicher, als sich unsere Art, Stücke zu schreiben, die Mahnungen zur Menschlichkeit sein sollen, ohnehin das Deutschland von heute verschließt. Die Nachricht, daß Du dort als ›entartet‹ nicht mehr gespielt wirst, ist mehr wert als jeder Literaturpreis – sie bestätigt Dir öffentlich, daß Du ein Dichter bist!« (*Franz Theodor Csokor an Ödön von Horváth* am 12. August 1933)

161

122 Maria Elsner.
Am 27. Dezember 1933 heiratete Ödön von
Horváth in Wien die Sängerin Maria Elsner.
Trauzeugen waren der österreichische
Schriftsteller Alexander Lernet-Holenia
(1897-1976) und der Historiker Karl
Tschuppik. Am 2. September 1934 wurde
die Ehe wieder geschieden und Horváth
kehrte nach Berlin zurück.

Bei meinen sonstigen Filmen geht alles durcheinander. Den "Krim in Parlament" hat er verloren, in Deutschland ist also damit nichts mehr zu machen. Vielleicht übernimmt ihn die amerikanische Fox, aber das ist mir sehr vielleicht!!

Ob ich den "Ucan" mache, ist mir noch nicht ganz klar. Er soll erst Anfang April erscheinen, so hätte ich also noch Zeit.

Zur Zeit arbeite ich am "Jux", alles andere ist noch in Schwebe.

123 Aus einem Brief Horváths an seinen Freund Hans Geiringer, dem er – am 16. September 1934 – von seinen Filmplänen berichtete. In Berlin schrieb Ödön von Horváth unter anderen Namen Film-Exposés und für Drehbuchautoren Dialoge. Die meisten Unterlagen aus dieser Zeit sind nicht mehr auffindbar.
Später distanzierte sich Horváth von seiner Filmarbeit: »...habe für den Film z.B. geschrieben wegen eines neuen Anzugs und so. Es war mein moralischer Tiefstand. Heut hab ich noch eine Krawatte davon.«

B r ü d e r l e i n   f e i n !

Ein Film aus der Biedermeierzeit nach Motiven aus den Stücken
"Bauer als Millionär" , "Der Alpenkönig und der Menschenfeind"
und "Der Verschwender" frei bearbeitet von ~~Ödön von Horvath.~~

1. Der reiche Schreiner und Baumeister Rappelkopf ist ein ungeheue-
rer Menschenfeind, obwohl er eigentlich keinen rechten Grund dazu hat,
aber sein misstrauisches Wesen ist eben kaum mehr zu überbieten. Immer
fühlt er sich belogen, betrogen, bestohlen - ja selbst seiner treuen
~~Frau Sophie (es ist bereits seine vierte, da es keine mit ihm ausgehal-~~
~~ten hatte) und seiner~~ Tochter Maly traut er immer alles Schlechte zu
und befürchtet auch immer allerhand Bosheiten von ihrer Seite.

Maly ist gegen seinen Willen mit einem jungen Kunstmaler, der sich
zur Zeit auf einer Italienreise befindet, verlobt. Die Mutter unter-
stützt diese Verbindung, sehr zum Aerger Rappelkopfs.

2. Maly hält es zu Hause nicht mehr aus und beschliesst mit ihrer
Zofe Lieschen durchzubrennen und zu ihrem Geliebten nach Italien zu
fahren. Die Beiden brennen auch durch, Rappelkopf tobt, als er dies
erfährt, und nun steigert sich sein misstrauisches Wesen so sehr, dass
er sich einbildet, seine Frau hege ein Mordkomplott gegen ihn. Er hatte
nämlich seine Frau belauscht, als sie dem läppischen Diener Christian
den Auftrag gab, eine Gans zu schlachten. Dabei hatte er es aber über-
hört, dass es sich um eine Gans dreht und bezog dieses Abschlachten
auf sich selbst. Heimlich rafft er nun all sein Geld zusammen und ver-
lässt sein Haus.

3. Maly und Lieschen fahren unterdessen in ihrer Kutsche auf ihrer
Reise nach dem Süden durch einen wunderbaren Wald, und die beiden Mädchen
beschliessen, in einem Weiher am Waldrand ein Bad zu nehmen. Dabei

124 Exposé zu einem Raimund-Film.

In dem entlegenen Dorf St. Jakob in der Einöde wird das
armselige Haus und das wenige Eigentum der verstorbenen Witwe
Birkmiller versteigert. Die Photographie der Toten hängt um-
flort an der Wand und hört die Stimme des Versteigerers und
das Bieten der kauflustigen Dorfbewohner, die, wie es eben
so menschliche Art ist, gern die Gelegenheit ergreifen, bil-
lig zu irgendwelchem Besitztum zu gelangen. Immer wieder
hört man die Stimme des Versteigerers "Zum ersten, zum zweiten,
zum dritten Mal" - - und so kommt alles daran: die alten
Truhen, der Sorgenstuhl, das Bettzeug, und die Kücheneinrich-
tung, alles --

Vor dem Hause auf der Bank sitzt die einzige Tochter der
Verstorbenen, die 18-jährige Anna, einsam und verbittert und
hört immer wieder von drinnen die Stimme: "Zum ersten, zum
zweiten, zum dritten Mal." - -

Zu dieser Zeit fährt durch die Dorfstrasse der reicher
Viehhändler Loialmiller, begleitet von seiner dicken blonden
Geliebten. Er hatte gerade zwei prächtige Schweine gekauft,
die er auf seines Wagen nun in seine Heimat transportieren
will. Als er das Haus der Birkmiller erblickt, hält er über-
rascht und fragt eine vorübergehende Bäuerin, was denn dort
los sei, da soviel Leute aus- und eingingen, und vor allem
da er sähe, wieviel Gegenstände autransportiert würden. Er
erfährt nun, dass die brave Witwe Birkmiller gestorben ist
und dass sie ihre Tochter Anna in grösster Armut zurückgelassen
hat

125 Exposé für die Filmversion von Anzengrubers »Pfarrer von Kirchfeld«.

Wie geht es Euch? Am 13. Dezember wird mein Stück "Hin und her" am Schauspielhaus in Zürich uraufgeführt, unter der Regie von Gustav Hartung. In einer wunderbaren Besetzung.

Es ist ein Stück mit Musik und Gesang – das erstemal, daß ich Lieder geschrieben habe. Die Musik ist von einem berühmten Komponisten, Hans Gál, und ist wunderbar!

126 Aus einem Brief Horváths an seine Eltern vom 2. Dezember 1934 aus Berlin.

Donnerstag den 13. Dezember, abends 8¼ Uhr:

Uraufführung

unter persönlicher Leitung des Komponisten

Hin und Her

Komödie in 2 Teilen von Oedön Horvath
Musik von Hans Gal

Regie: Gustav Hartung   Bühnenbild: Teo Otto

Ferdinand Havlicek	Fritz Essler
Thomas Szamek, ein Grenzorgan	Heinrich Gretler
Eva, dessen Tochter	Gusti Huber
Konstantin, auch ein Grenzorgan	Emil Stöhr
Mrschitzka, ein Gendarm	Herman Wlach
Frau Hanusch	Luise Franke-Booch
X, der Chef der Regierung auf dem rechten Ufer .	Kurt Horwitz
Sein Sekretär	Hans Wlasak
Y, der Chef der Regierung auf dem linken Ufer . .	Wolfgang Heinz
Ein Privatpädagoge	Leonard Steckel
Seine Frau	Evi Lissa
Frau Leda	Josy Holsten
Schmugglitschinski, ein Oberschmuggler	Erwin Kalser

3 Schmuggler

Pause nach dem 1. Teil

Kassaeröffnung 6 Uhr   Anfang 8¼ Uhr   Ende ca. 10½ Uhr

5

127 Programmzettel der Uraufführung im Schauspielhaus Zürich am 13. Dezember 1934.

128 Wien.
1935 kam Ödön von Horváth nach Wien.
»Wäre er nicht im Grunde doch ein Moralist gewesen, er hätte sich
ja sehr wohl mit Nazi-Deutschland abfinden können, wo man gegen
den ungarischen ›Arier‹ wohl nicht viel einzuwenden gehabt hätte,
und wo seine Vorliebe für das schaurig Groteske üppig auf ihre
Kosten gekommen wäre. Indessen trennte er sich unbedingt vom
Dritten Reich: zunächst wohl einfach aus Gründen des guten Ge-
schmacks – um seiner Würde als Schriftsteller willen; dann aber auch
aus einem Anstand, der mehr als nur Anständigkeit, nämlich Moral
im ernstesten, tiefsten Sinn des Wortes war. Er erschauerte vor dem
Bösen, das im Dritten Reich täglich schamlos-nackt triumphiert.«
(*Klaus Mann*, 1938)

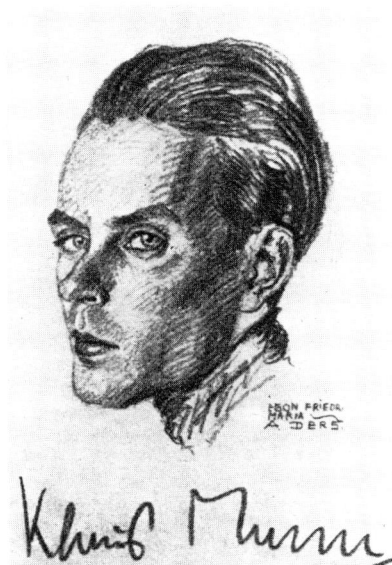

129 Klaus Mann (1906–1949).

        - - - - - - -

        Falsche Komplexe

    D a s   u n b e k a n n t e   L e b e n .

        (*einem Vorspiel und*)
Komödie in vier Akten von   O e d ö n   v o n   H o r v á t h .

+ +
+   +
+ Oedön von Horváth ist der Kleist - Preisträger 1932. +
+   +
+ +

Den Bühnen und Vereinen gegenüber Manuskript. Für sämtliche
Bühnen des In- und Auslandes zu beziehen ausschliesslich und
allein durch den:

B ü h n e n v e r l a g   M a x   P f e f f e r , Wien-Berlin
    (Zentralbüro: Wien, I., Bösendorferstrasse 1)

    von dem auch das Recht zur Aufführung zu erwerben ist.
    Copyright 1935 by Verlag Max Pfeffer, Wien-Berlin.

130 Titelblatt des Bühnenmanuskripts »Das unbekannte Leben«, eine
Komödie, die Horváth dann »Falsche Komplexe« und schließlich
»Mit dem Kopf durch die Wand« nannte.
Seit September 1935 wohnte Horváth in Wien. Als Auftragsarbeit des
Max Pfeffer Verlages verfaßte er eine Komödie. Am 22. Oktober 1935
schrieb Dr. Rudolf Beer, der Direktor der »Scala« in Wien, an Horváth:
»Mit wirklichem Interesse habe ich Ihr Stück gelesen und mit noch
größerer Freude kann ich Ihnen mitteilen, daß es mir außerordentlich
gefallen hat. Ich hoffe, daß sich auch der erwartete Publikumserfolg
einstellt.«
Nach der Uraufführung am 10. Dezember 1935 in der »Scala« in Wien
zog Horváth das Stück zurück.

131 Hans Holt (geb. 1909).
132 Thomas von Sessler (geb. 1915).
Unter der Regie Rudolf Beers wirkte, neben Hans Holt, u.a. auch
Egon Friedell mit. Die weibliche Hauptrolle spielte Wera Liessem:
»Dr. Beer versuchte Änderungsvorschläge zu machen, die Horváth,
resigniert auf einer Paprika kauend, im Hintergrund des Zuschauer-
raums über sich ergehen ließ.« Eine Rolle hatte auch Thomas von
Sessler, der heutige Bühnenverleger Ödön von Horváths, übernommen.

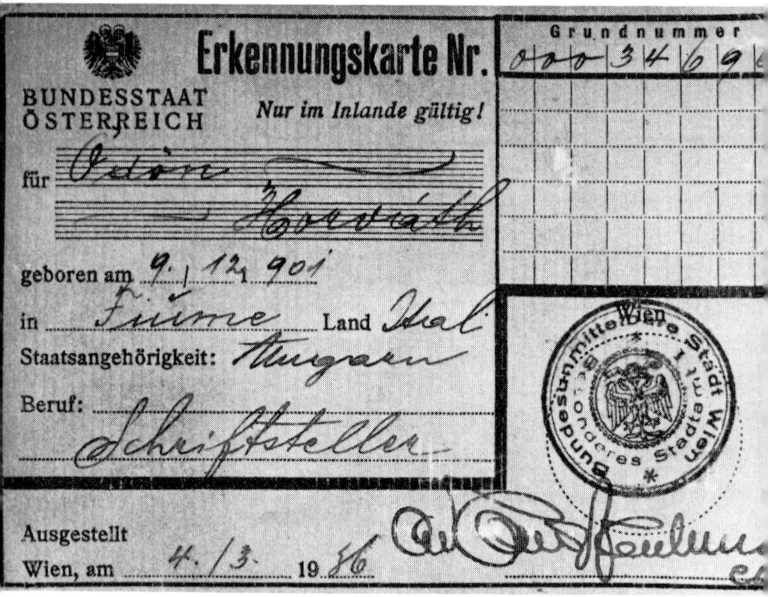

BUNDESSTAAT ÖSTERREICH

Erkennungskarte Nr.

Grundnummer 000 34 6 9

Nur im Inlande gültig!

für Ödön Horváth

geboren am 9. 12. 901

in Fiume Land Ital.

Staatsangehörigkeit: Ungarn

Beruf: Schriftsteller

Bundesunmittelbare Stadt Wien * I * Besonderes Stadtamt *

Ausgestellt Wien, am 4./3. 1936

133 Ausweisdokument Ödön von Horváths.
Horváth setzte seine unstete Lebensweise fort.
Von seiner Ankunft im September 1935 bis zu seiner Emigration im
März 1938 wechselte er in Wien mehrmals die Wohnung. Er reiste
nach München, Rom, Mährisch-Ostrau und Prag. Dazwischen lagen
immer wieder längere Aufenthalte in Henndorf in Carl Zuckmayers
Wiesmühl oder im Gasthof Bräu.

134 Carl Zuckmayers Haus Wiesmühl in Henndorf am Wallersee.
Carl Zuckmayer hatte das Haus 1926 von den Tantiemen seines
»Fröhlichen Weinbergs« gekauft. Ab 1933 war es der dauernde Wohnsitz der Familie Zuckmayer bis 1938. Die Wiesmühl wurde zum Treff-
punkt vieler Künstler, Schriftsteller und persönlicher Freunde.
»Was sich überhaupt an Poeten, Künstlern, Schrift- und Schaustellern
in diesen Jahren, den zwanzigern und dreißigern, in und bei
Henndorf aufhielt, herumtrieb oder besuchsweise erschien, ist nicht
auszudenken... Einige meiner persönlichen und literarischen Freunde,
so Franz Theodor Csokor, Ödön von Horváth, Dr. Albrecht Joseph
oder der Darmstädter Dichter Hans Schiebelhuth, lebten und
arbeiteten wochen-, ja monatelang in unsrem kleinen Gästehäuschen
oder im nahen Mayr-Wirtshaus. Manche Freundschaften schossen so
plötzlich auf wie Raketen in einer Silvesternacht, aber sie platzten
nicht, sondern schwebten dann jahrelang.« (*Carl Zuckmayer*,
1966 und 1972)

135 Das Mayr-Wirtshaus, der Kaspar-Moser-Bräu, in Henndorf am Wallersee.

136 Das »Geisterzimmer« im Kaspar-Moser-Bräu.

»Ödön schreibt... Natürlich geschieht das bei ihm, einem Nacht-arbeiter, der außerdem im Spukzimmer unseres uralten Gasthofes haust, unter dauernder Mitwirkung einer Gespensterwelt, an die er fest glaubt. Entweder werden nach Eintritt der Dämmerung Klinken von einer unsichtbaren Hand niedergedrückt, rhythmische Klopf-töne funken ein metaphysisches Telegramm an die Fensterscheiben, und schaut er dann hinaus, neigt sich über den Brunnen auf der Gegenseite der Straße eine weißgekleidete Frauengestalt und singt eine Melodie ohne Worte – oder kühle Schatten streichen ihm um die Stirne... Er fürchtet sich auch nicht im geringsten davor, eher beruhigt es ihn offenbar, daß ihm ein für ihn vorhandenes Jenseits Zeichen gibt.« (*Franz Theodor Csokor*, 1937)

**137,138 Ödön von Horváth und sein Vater im August 1936 in Possen-
hofen.**

139,140 Ödön von Horváth 1936 in Possen-
hofen.
Nach dem Verkauf der Villa in Murnau
mieteten die Eltern Ödön von Horváths eine
Villenetage in Possenhofen am Starnberger
See.

141-147 Erinnerungsfotos der Familie Horváth.

148 Ödön von Horváth.
Im August 1936 hatte Ödön von Horváth seine Eltern zum letzten Mal besucht. Nach seiner Ankunft in Possenhofen wurde ihm durch einen Gendarm mitgeteilt, daß er binnen 24 Stunden Deutschland zu verlassen habe.
149 Brief Horváths an seine Eltern vom 26. November 1936 aus Wien.

Liebe Eltern, ich danke Euch v[iel]mals
für Euren Brief, auch Dir, l. Mama und Dir.
Beiliegend eine Kritik aus dem 'Pester Lloyd.'
Was ich Euch bis jetzt geschickt hab, das war
alles, was ich gelesen habe. Sonst habe ich
noch nichts bekommen, in einzelnen Zeitungen
wird ja noch was drinnen stehen. —

Wie geht es Euch? Es wär sehr schön und
sehr richtig, wenn Du, l. aguo, bald her-
kommen würdest. Es hat sich jetzt wieder
allerhand verändert. Aber können wird mein
Stück unbedingt spielen, und zwar noch
vor Weihnachten. Ich müßte jetzt unbedingt
noch hier aushalten, dann hätt ich ziemlich
solide Chancen, auch in allerkürzester Zeit Geld
zu bekommen. Aber, wie gesagt, ich muß es halt
jetzt abwarten. Zur Zeit arbeite ich an einer neuen
Sache, mit der ich hoffe, noch vor Weihnachten
fertig zu werden. —

Sonst gibts hier nur Neues.

　　　　Es grüßt und küßt Euch vielmals

　　　　　　　　Euer Ödön

Neues Stück von Oedön Horvat

Direktor Jubal bringt in seinem kleinen Kellertheater ein unbekanntes Werk von Oedön Horvat zur Uraufführung. Mit großem Erfolg. „Liebe, Pflicht und Hoffnung" heißt das kleine Volksstück. Mit leichter Hand, aber kritisch-scharfem Blick zeichnet der Dichter in fünf Bildern das Schicksal eines Wiener Mädels, das aus Unwissenheit mit dem Gesetz in Konflikt gerät, unschuldig verurteilt wird und endlich in den Tod geht. Tiefe Schwermut liegt über dem Stück, das dramaturgisch sehr wirksam aufgebaut ist, und von Jubal ganz im Sinne des Autors in Szene gesetzt wurde.

Die Schauspieler spielen durchwegs ausgezeichnet, Hedwig Schlichter hat die innerliche Größe des armen, zu Boden geworfenen Mädchens. Der jugendliche Liebhaber Feodor Weingart hat Feuer und überschäumendes Temperament des Anfängers, das man bei Routiniers so oft schmerzlich vermißt.

Traute Witt ist eine charmante Kleinbürgerin. Zwischen den einfältigen Worten, die sie zu sprechen hat, klingt ein warmer, herzlicher Ton. Eduard Linkers gibt eine köstliche Charaktertype. Ein eindrucksvoller Abend.   F.

150 Kritik im »Echo«, Wien, vom 15. November 1936.

Ein „Kleines Volksstück" im Theater für 49.

In dem kleinen Volksstück „Liebe, Pflicht und Hoffnung" von Oedön Horvath wird das traurige Schicksal eines armen Mädchens geschildert, das sich mit ehrlicher Arbeit fortbringen will, in seiner Hilflosigkeit aber in das Gestrüpp der Gesetzesparagraphen gerät und darin elend zugrunde geht. Das Theater für 49 hat dem Stück, das einige gut gesehene Typen enthält, unter Direktor Jubals Regie eine wirkungsvolle Aufmachung gegeben. Hedwig Schlichter, die Darstellerin des armen Mädchens, ist ein beachtenswertes Talent. Es gelang ihr, aus unscheinbaren Anfängen in wohlabgewogener Steigerung die Figur der Dulderin bis zum Gipfel der Tragik zu führen. Ein Gewinn für das Volksstück scheint auch Eduard Linkers zu sein. Feodor Weingart macht gute Figur. Eine köstliche Type bot wieder die in chargierten Frauengestalten aus dem Volke bewährte Alexandra Hermann. Aus der langen Reihe der Mitwirkenden sind noch besonders Traute Larsen, Traute Witt, Hugo Gottschlich, Rafael Zimmermann, Marcel Barth, Hans Schwarz und Max Balter hervorzuheben. Bei der Premiere spendete das Publikum reichen Beifall.

Neuigkeits Weltblatt

r. p.

151 Kritik im »Neuigkeits Weltblatt«, Wien, vom 15. November 1936. Am 13. November 1936 wurde am »theater für 49«, einer Wiener Kellerbühne, unter der Regie von Ernst Jubal »Glaube Liebe Hoffnung« unter dem Titel »Liebe, Pflicht und Hoffnung« uraufgeführt. »...doch außer ein paar Prominenten – wie Ödöns unzertrennlichem Freund Franz Theodor Csokor, Werfels und Zuckmayers – achtete kaum jemand darauf. Horváths Arbeit fand damals überhaupt nicht viel Beachtung – wovon er völlig unbeeinflußt schien. Er schrieb unbeirrt weiter, auch in den schmutzigen kleinen Weinstuben, die er liebte.« (*Hertha Pauli*, 1956)

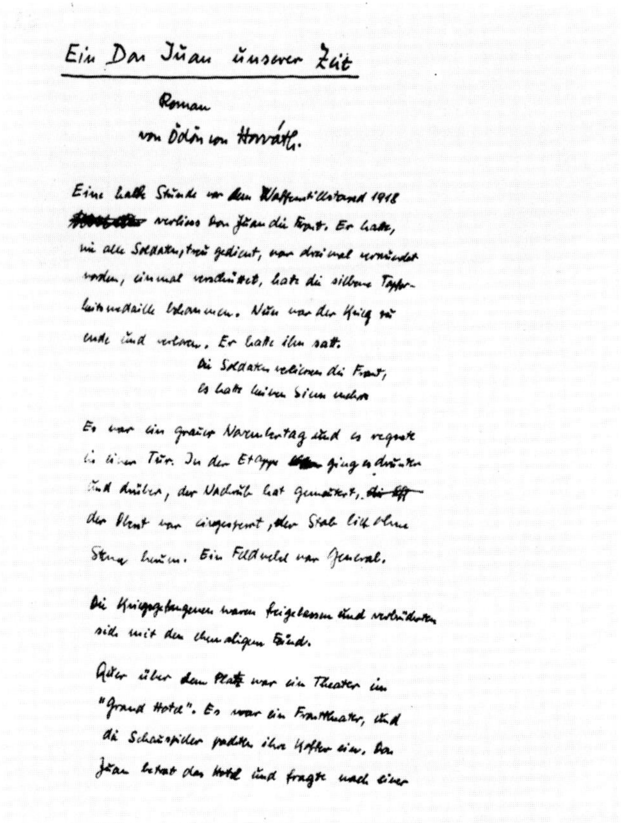

Ein Don Juan unserer Zeit

Roman

von Ödön von Horváth.

Eine halbe Stunde vor dem Waffenstillstand 1918 ~~hatte~~ verließ Don Juan die Front. Er hatte, wie alle Soldaten, treu gedient, war dreimal verwundet worden, einmal verschüttet, hatte die silberne Tapferkeitsmedaille bekommen. Nun war der Krieg zu Ende und verloren. Er hatte ihn satt.

> Die Soldaten verließen die Front,
> es hatte keinen Sinn mehr

Es war ein grauer Novembertag und es regnete in einem Tor. In der Etappe ~~ging~~ ging es drüber und drüber, der Nachschub hat gemeckert, ~~die~~ der Verkehr war eingespannt, der Stab lief ohne Sinn herum. Ein Feldwebel war General.

Die Kriegsgefangenen waren freigelassen und verbrüderten sich mit dem ehemaligen Feind.

Oder über dem Platz war ein Theater in "Grand Hotel". Es war ein Fronttheater, und die Schauspieler packten ihre Koffer ein, den Don Juan betrat das Hotel und fragte nach einer

152 Manuskriptblatt.

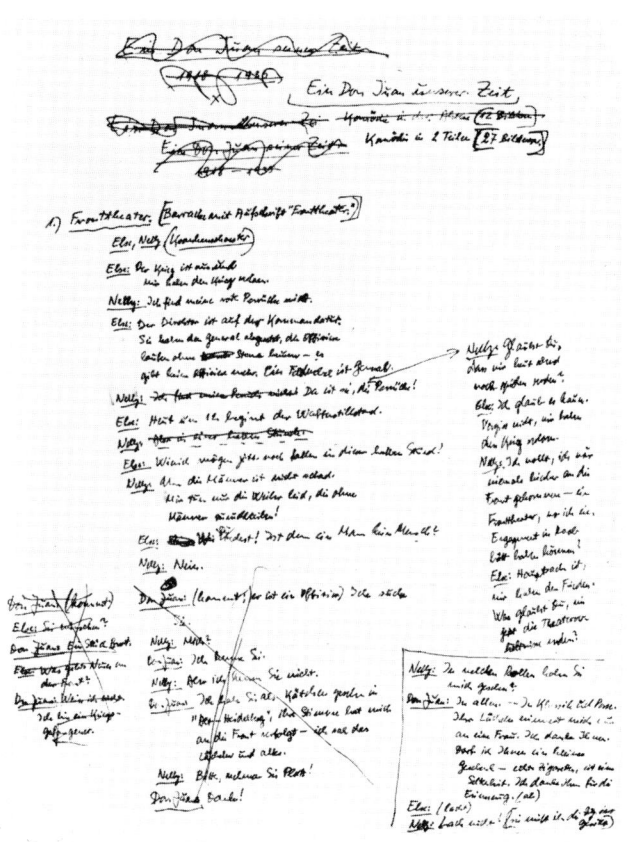

153 Aus einem Notizbuch Ödön von Horváths.
Erste Notizen Horváths über das Don-Juan-Thema fanden sich
bereits in seinen Notizbüchern aus der Berliner Zeit. Abgeschlossen
wurde das Schauspiel 1936 unter dem Titel »Don Juan kommt aus
dem Krieg«.

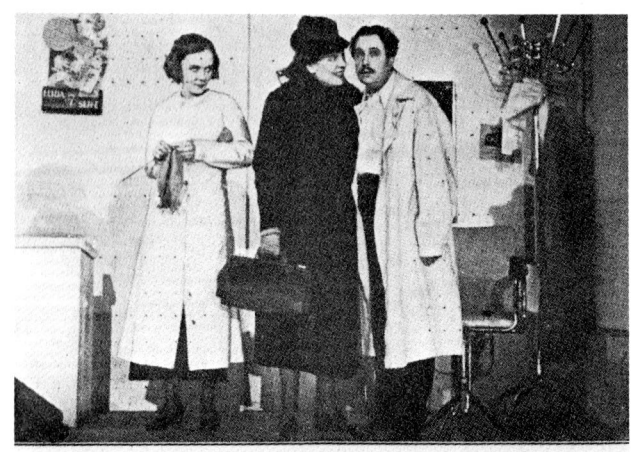

Der erste „Literarische Abend" in der Kleinen Bühne brachte die Uraufführung
der Komödie „Figaro läßt sich scheiden" von Ödön Horváth unter
der Spielleitung von Arnold Marlé. — Auf unserem Bilde: Marion Wünsche als
Susanne, Lotte Stein als Hebamme, Hans Götz als Figaro

✕ „Figaro läßt sich scheiden", Komödie von Oedön H o r v á t h (Uraufführung in der Kleinen Bühne). Dieser erste „Literarische Abend" hat seinen Zweck, zu lebhafter Diskussion anzuregen, sowohl in künstlerischer als auch in politischer Hinsicht durchaus erfüllt. Horváths Dialog ist freimütig und geistreich, die Gliederung der drei Akte in acht Bilder erscheint der wohl beabsichtigten Filmwirkung gemäß, das Dichterische tritt (von Arnold Marlés verständnisinniger Spielleitung einprägsam gestaltet) vor allem dort in die Erscheinung, wo die Beaumarchais-Mozartschen Figuren sich ihrer Figürlichkeit bewußt werden, ihres typischen Daseins im jahrhundertlangen Zeitablauf, und jener abgelebten Zeiten gedenken, in denen sie zum ersten Male menschlich zu existieren anhuben. Das Politische — explosivster Diskutierstoff — wird dichterisch-menschlich angefaßt, also auch soziologisch und pädagogisch (Mutterschaft, Kindererziehung in friedloser Zeit). Die Revolution, die Grafen- und Dienerpaar aus durchaus verschiedenen Gründen in die Emigration treibt, wird ungetrübten Blicks betrachtet. Allerdings eine recht neutralisierte, maßvoll typisierte Revolution, gleichsam mit Distanzkritik bedacht. Die eigentliche Kritik gilt dem Allgemeinmenschlichen, wie es sich auf politischem Gebiete hüben und drüben, bei den Radikalen sowohl freiheitlicher als auch reaktionärer Observanz, in Umsturzepochen wie am Biertisch offenbart. Horváths Anti-Bekenntnis gilt dem Untermenschentum ohne Unterschied der politischen Färbung. Indem er der überpolitisierten Menschheit in Erinnerung bringt, daß die Welt im Menschen anfängt, bekennt auch er sich zur Politik — zur Politik der Menschlichkeit. Daß er die Form von Scherz, Satire und Ironie wählt, ist für ihn als Bühnendichter der richtige Weg, um die Diskutierenden zur Erkenntnis der tieferen Bedeutung seines anmutigen Spiels zu bewegen. Arnold Marlé, zielsicherer Schrittmacher des Dichters, führte das präzis abgestimmte Ensemble dem menschlichen happy end flott entgegen. Herr Götz als Figaro: der Schelm und Aufwiegler von einst macht hier nicht restlos dem werdenden Philister Platz, und das ist gut so. Das Menschliche strahlt immer wieder hervor. Aber auch das Spießbürgerliche gelingt famos. Frau Wünsche bleibt die Susanne, eine herb-anmutige Susanne, starker Ausbrüche fähig und sie künstlerisch meisternd, immer wieder mehr Weib als Weibchen. Herr Siedler als adelsstolzer wie als entwurzelter Almaviva sympathisch maßvoll charakterisierend, Frau Meller als Gräfin leider zu früh vom Schauplatz verschwindend. Frau Stein als drastische Hebamme mit Szenenapplaus bedacht, den auch Herr Götz für einen unvergleichlich vorgebrachten Satz erntete. Frl. Waern als Fanchette reizvoll unalltäglich. Herr Valk als greiser Gärtner — Sinnbild volkstümlicher Abgeklärtheit. Herr Klippel als Revolutionsgewinnler wohl allzu primitiv eindeutig. Der Autor konnte für starken Beifall danken. (o. p.)

154 »Prager Presse« vom 4. April 1937 mit einem Szenenfoto und einer Kritik von Otto Pick.
Horváths Komödie »Figaro läßt sich scheiden« wurde am 2. April 1937 auf der Kleinen Bühne des Deutschen Theaters in Prag unter der Regie von Arnold Marlé uraufgeführt. Das Szenenfoto zeigt Marion Wünsche (Marianne), Lotte Stein (Hebamme) und Hans Götz (Figaro).

189

155 Ödön von Horváth (5.v.l.) beim Schlußapplaus der Uraufführung
seines Lustspiels »Ein Dorf ohne Männer« (nach dem Roman von
Koloman von Mikszáth) am 24. September 1937 im Neuen Deutschen
Theater in Prag (Regie: Max Liebl).
»Dieses Stück ist keine Dramatisierung des Romans ›Die Frauen von
Selischtje‹ von Koloman Mikszáth, dem großen ungarischen Roman-
cier, sondern es stellt nur den Versuch dar, auf Grund einzelner
Motive jenes Romans ein Lustspiel zu schreiben. Die Personen im
Stück haben mit jenem im Roman nichts zu tun.« *(Ödön von Horváth)*

156 Szenenfoto der Uraufführung von Horváths Schauspiel »Der jüngste Tag« im Deutschen Theater in Mährisch-Ostrau am 11. Dezember 1937 mit Albine Bauer (Frau Leimgruber) und Emerich Exner (Waldarbeiter).
Unter der Regie von Paul Marx spielten Sigurd Lohde den Hudetz, Irene Bach dessen Frau, Grete Schörg die Anna und Ernst Waldbrunn den Gendarm.

Es ist vielleicht grotesk, in einer Zeit, die wie der, in der ich lebe, unruhig ist, und wo niemand weiß, was morgen sein wird, sich ein Programm im Stückeschreiben zu stellen. Trotzdem wage ich es, obwohl ich nicht weiß, was ich morgen essen werde. Denn ich bin überzeugt, daß es nur Sinn hat, sich ein großes Ziel zu stecken. Zur Rechtfertigung und Selbstermunterung. –

Ich habe in den Jahren 1932-1936 verschiedene Stücke geschrieben, sie sind, außer einem, gespielt worden, und zwar, wie man so zu sagen pflegt, mit Erfolg, außer einem. Diese Stücke ziehe ich hiermit zurück, sie existieren nicht, es waren nur Versuche. Es sind dies:

Kasimir und Karoline
Liebe Pflicht und Hoffnung
Die Unbekannte der Seine
Hin und Her
Himmelwärts
Figaro läßt sich scheiden
Don Juan kommt aus dem Krieg
Das jüngste Gericht.

Einmal beging ich einen Sündenfall. Ich schrieb ein Stück, »Mit dem Kopf durch die Wand«, ich machte Kompromisse verdorben durch den neupreußischen Einfluß, und wollte ein Geschäft machen, sonst nichts. Es wurde gespielt und fiel durch. Eine gerechte Strafe. So habe ich mir nun die Aufgabe gestellt, frei von Verwirrung die Komödie des Menschen zu schreiben, ohne Kompromisse, ohne Gedanken ans Geschäft. Es gibt nichts Entsetzlicheres als eine schreibende Hur. Ich geh nicht mehr auf den Strich und will unter dem Titel »Komödie des Menschen« fortan meine Stücke schreiben, eingedenk der Tatsache, daß im ganzen genommen das menschliche Leben immer ein Trauerspiel, nur im einzelnen eine Komödie ist.

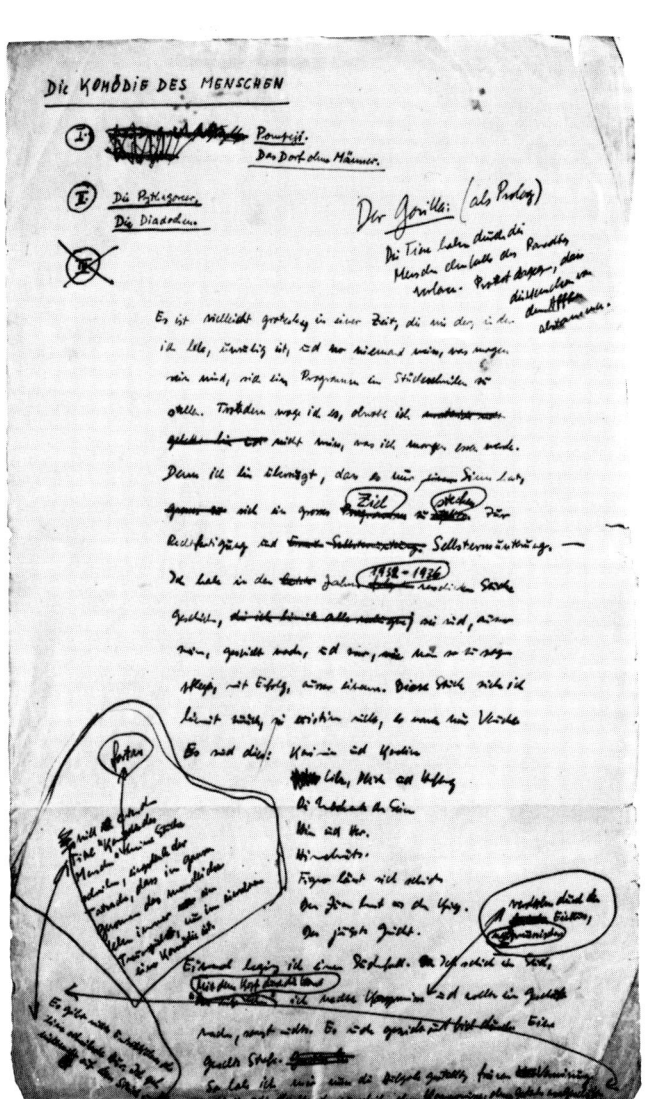

157 Manuskriptblatt Ödön von Horváths.

158 Hermann Hesse (1877-1962).
Ödön von Horváths Roman »Jugend ohne
Gott«, 1937 in Wien und in Henndorf nieder-
geschrieben, wurde vom Allert de Lange
Verlag am 26. Oktober 1937 – mit dem
Copyright 1938 – ausgeliefert.
Aus einem Brief Hermann Hesses an Alfred
Kubin: »Ein kleines Buch empfehle ich
Ihnen, eine Erzählung ›Jugend ohne Gott‹
von Horváth. Vielleicht erwischen Sie sie
irgendwo; sie hat Fehler, ist dennoch groß-
artig und schneidet quer durch den mora-
lischen Weltzustand von heute.«

159 Thomas Mann (1875-1955).
Aus einem Brief Thomas Manns an seinen
Verleger Gottfried Bermann Fischer am 14.
November 1937: »Nun also meinen Glück-
wunsch zu Ihrer Produktion, die äußerlich
auf der vornehmsten Höhe heutigen
Geschmackes und geistig wirklich sehr
würdig ist. Lesen konnte ich natürlich bei
Weitem noch nicht alles. Aber was ich
gelesen habe, weil es mich, kaum aufge-
schlagen, sogleich höchst sympathisch
ansprach, das ist die Biographie der Curie
von ihrer Tochter, ein wirklich entzücken-
des Geschenk, für das gewiß viele Ihnen so
herzlich danken werden wie ich. Ich
empfehle das Buch bei jeder Gelegenheit.
Schade, daß Horváth Ihnen nicht seine
»Jugend ohne Gott« gegeben hat; das war
das zweite Buch, das mir in letzter Zeit leb-
haften Eindruck gemacht hat, aber schließlich können Sie nicht der Spender von
allem sein.«

160 Amsterdam. Allert de Lange.
161 Hermann Kesten (geb. 1900).
Hermann Kesten war von 1933 bis 1940 literarischer Leiter des ersten
deutschen Exilverlages Allert de Lange in Amsterdam. Kesten hatte
Horváths Erzählung »Ein Fräulein wird bekehrt« bereits 1929 in die
Anthologie »24 neue deutsche Erzähler« aufgenommen.
Autoren des Allert de Lange Verlages waren u.a. Franz Blei,
Bert Brecht, Max Brod, Ferdinand Bruckner, Franz Theodor Csokor,
Sigmund Freud, Ödön von Horváth, Egon Erwin Kisch, Siegfried
Kracauer, Alfred Neumann, Theodor Plivier, Alfred Polgar, Joseph
Roth, René Schickele, Theodor Wolff, Stefan Zweig.

Zwischen Herrn Ödön v. Horváth, (im Folgenden der Autor genannt) und dem Verlag Allert de Lange, Amsterdam, (im Folgenden der Verlag genannt) wird hiermit folgender Vertrag geschlossen:

1/. Der Autor übergibt dem Verlag das ausschliessliche Verlagsrecht für die deutsche Ausgabe seines nächsten Romans.

2/. Als Honorar erhält der Autor für jedes verkaufte Exemplar eine Beteiligung von 12% vom Ladenpreis.

3/. Abrechnungen über die verkauften Exemplare finden zweimal im Jahre statt und zwar am 1.1. und 1.7.
Etwaige Auszahlungen erfolgen einen Monat nach der Abrechnung.

4/. Der Autor übergibt dem Verlag die Übersetzungsrechte in fremden Sprachen. Der Verlag erhält von allen Einnahmen aus diesen Rechten 25%, der Autor 75%. Der Verlag verpflichtet sich alle Eingänge, nach Abzug seiner Provision, sofort an den Autor auszuzahlen. Er hat jedoch das Recht, abgesehen von seiner Provision, 25% dieser Eingänge auf den Vorschuss zu verrechnen, solange dieser noch nicht durch die deutsche Buchausgabe gedeckt ist.

5/. Der Autor übergibt dem Verlag die Weltfilmrechte. Falls durch Vermittlung des Verlages die Filmrechte verkauft werden, so erhält der Verlag 15%, der Autor 85%.
Falls die Filmrechte ohne Vermittlung des Verlages verkauft werden, erhält der Autor 95%, der Verlag 5%.
Alle Eingänge aus den Filmrechten werden sofort nach Eingang an den Autor ausgezahlt.

6/. Der Autor erhält eine Garantie von Hfl. 500.--, von denen 1/3 bei Unterschrift des Vertrages fällig ist; die übrigen 2/3 werden nach Ablieferung eines Teils des Manuskripts in 2 monatlichen Raten ausgezahlt.

7/. Der Autor verpflichtet sich das gesamte Manuskript spätestens bis zum 1.8.'38 abzuliefern.

8/. Der Verlag setzt den Ladenpreis fest und hat das Recht ihn heraufzusetzen bezw. herabzusetzen.
Falls der Verlag Exemplare zu einem niedrigen Preise als zu dem ursprünglich festgesetzten Ladenpreise verkauft, so erhält der Autor 10% des Erlöses.

9/. Der Verlag erhält das Recht 10% über die Auflage hinaus honorarfrei zu drucken, für den Versand von Freiexemplaren, etc.

10/. Der Autor erhält für das erste Tausend der Auflage 10 Freiexemplare, für jedes weitere Tausend 5 Freiexemplare.

11/. Eventuelle Streitigkeiten aus diesem Vertrage, welche die kontrahierenden Parteien nicht untereinander schlichten können, werden entschieden durch einen beiden Parteien günstig bekannten fachmännischen Schiedsrichter.

Erfüllungsort: Amsterdam.

Ausgefertigt in duplo.

den 30. November 1937.

162 Vertrag zwischen Ödön von Horváth und dem Verlag Allert de Lange über den Roman »Ein Kind unserer Zeit«.

163 Entwurf zum Roman »Ein Kind unserer Zeit«.
164 Ödön von Horváth (1937).

165 Der Prater in Wien.

»Langsam wander ich die Allee zurück, denn heut hab ich nichts mehr zu verlieren. Die meisten Buden sind schon zu. Die Messerschlucker und Feuerfresser, sie schlucken und fressen nicht mehr. Die Frau mit dem Bart, der Mann mit dem Löwenkopf und die dickste Dame der Welt, sie liegen schon in ihren Bettchen und träumen blauen Dunst. Nur ein kleiner Affe friert noch in der Nacht. Er möchte um die Wette zittern, aber es ist kein zweiter Affe da, mit dem er zittern könnte. Die Pferde im Hippodrom, sie stehen bereits im Stall, und auch die Schießbuden schließen schon. Jetzt werden die Tage immer kürzer.
. . . Es wär schön, wenn man sich wieder mal einen richtigen Rausch leisten könnte, um wieder eine Zukunft zu spüren – « *(Ödön von Horváth)*

200

166 Das Literatencafé Herrenhof in Wien.
In Wien saß Ödön von Horváth häufig mit Ulrich Becher, Franz Theodor Csokor, Alfred Ibach, Alexander Lernet–Holenia, Wera Liessem,
Roda-Roda, Joseph Roth und Franz Werfel zusammen. Ganze Nächte
verbrachte er schreibend und trinkend in Kaffeehäusern, billigen
Weinlokalen und in »Beisln« der Pratergegend. »Er hatte das makabre
Milieu ja immer schon gerne, je vulgärer, je komischer und anregen-
der für ihn. Er fand feine Lokale furchtbar langweilig, und wir saßen
bis nach Mitternacht, entweder in einem saftigen Bierlokal oder in
düsteren, kleinen, zwielichtigen Spelunken, wo er es lustig fand, wie
die Mädchen die Männer – oder umgekehrt – am Bändel hatten. Er
fand das Studium der Ärmsten, der verkommensten Klasse immer
viel lebensnäher, als die sogenannte gute Gesellschaft – « (*Wera
Liessem*, 1957)

167 Adolf Hitler vollzog am 13. März 1938 in Wien den Anschluß
Österreichs ans Deutsche Reich.
»Der Jubel war so ungeheuer, daß es dem österreichischen Bundes-
kanzler Dr. Seyß-Inquart erst nach langer Zeit gelang, das Wort zu
folgender Begrüßungsansprache zu ergreifen: . . . Mein Führer! Wir
Österreicher danken Ihnen. Ich kann nur schlicht als einfacher Mann,
aber aus dem Herzen von Millionen Österreichern sagen: wir danken
Ihnen! Wir haben mit Ihnen gekämpft in der Bestimmung und der
Haltung, die uns in dieser Grenzmark zukommt, ausdauernd bis zur
äußersten Duldung. Ich glaube, wir haben bis zuletzt einen guten
Kampf geführt. Jetzt grüßen wir Sie mit dem Jubel aller deutschen
Herzen. Heil mein Führer! (Langanhaltender Jubel und Beifall.)«
(*Wiener Zeitung*, 13. März 1938)

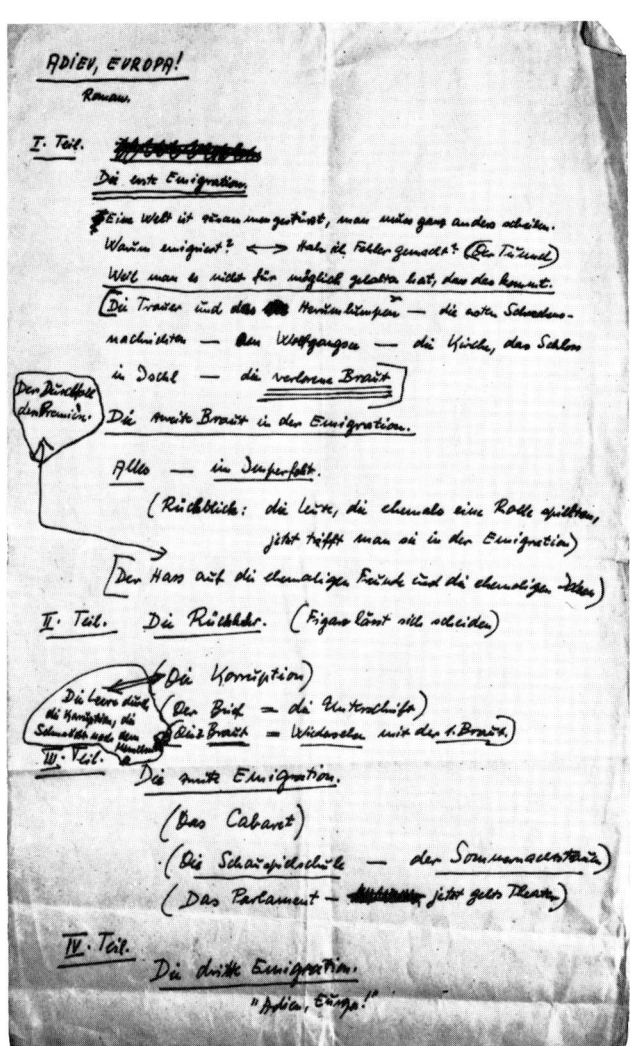

168 Konzept zum letzten Roman von Ödön von Horváth.

169 Das Ehepaar Jolan und Lajos von Hatvany (1880–1961).
In der Nacht vom 12. zum 13. März 1938
emigrierte Ödön von Horváth aus Österreich. Nur unter Schwierigkeiten konnte er
die nach dem Anschluß Österreichs
gesperrte Grenze nach Ungarn passieren.
Bis Ende März wohnte er als Gast im Haus
des Ehepaares Hatvany in Budapest.

170 Das Hatvany-Palais in Buda.

»In dem nobel-schlichten Palais, das er im alten Buda bewohnte, ging
es angeregt und gesellig zu; eine intellektuelle und gesellschaftliche
Betriebsamkeit, die durch einen gewissen Stich ins Heimlich-Konspi-
ratorische erst recht pikant, aber auch leicht gespenstisch wurde . . .
Es war lauter suspektes Volk, aufsässiges Gesindel, potentielle oder
aktive ›résistance‹, was sich in diesem äußerlich so respektabel-opu-
lenten Rahmen zusammenfand . . . Verschwörer unter sich, Rebellen
im korrekten Abendanzug, ein isoliertes Fähnlein aufrechter, wenn-
gleich etwas verschreckter Freiheitskämpfer. Eine ›Innere Emigration‹
– im Hause meines Freundes Hatvany habe ich erfahren, daß es der-
gleichen gibt . . . Eine kleine Gruppe von machtlosen Intellektuellen
– Schriftstellern und Gelehrten, Bohèmiens und Aristokraten – «
(*Klaus Mann,* 1952)

171-177 Stationen seiner Emigration.
Drei Wochen Budapest, fünf Wochen Teplitz-Schönau, dazwischen
einige Tage in Prag.
Ein kurzer Aufenthalt in Mailand.
Zürich, 7. Mai.
»Hier in der Schweiz ist es sehr still und friedlich, kaum vorstellbar
für unsereinen. Die Villen der Millionäre liegen in wunderschönen
Gärten, und lieblich lächelt der See – wie lange, wie lange noch?«
Nach zwei Wochen Schweiz, zwei Stunden Brüssel.
Dann acht Tage Amsterdam.
Am 28. Mai traf Ödön von Horváth in Paris ein.

178 Die letzte Karte Ödön von Horváths.
179 Ödön von Horváth (1938).

180 Paris. Rue Monsieur le Prince, in der sich das Hôtel de l'Univers befindet.
181 Schlüssel des Hotels.
In Paris wohnte Ödön von Horváth im Hôtel de l'Univers, wo auch andere Emigranten, unter ihnen Horváths Freunde Hertha Pauli und Walther Mehring, eine Bleibe gefunden hatten.

182, 183 Innenhof des Hôtel de l'Univers.
»Es lag in einer Gasse des damaligen Marokkaner- und Araberviertels, in den Souterrains der Nebenhäuser sah man durch die offenen Ladentüren Orientalen verschiedenen Alters und Geschlechts beim Teppichknüpfen oder sonstigen fremdartigen Tätigkeiten. Das Zimmer ging auf einen Hof hinaus, in dem Arbeiter mit blauen Blusen unablässig an irgendwelchen Kanalisationsröhren herumhämmerten. Man mußte auch bei Tag die schwache elektrische Birne einschalten, die ohne Schirm an der Decke hing.« (*Carl Zuckmayer*, 1966)

184 Paris. Nahe der Unglücksstelle in der Avenue Marigny.
»In seinem Hotelzimmer, eine Etage unter meiner Mansarde, standen
noch zwei Rotweingläser, halb gefüllt, für ihn und für unsere gemeinsam umworbene Freundin; und daneben lag das Manuskript eines
eben begonnenen Romanes: Adieu Europa. . . .
In der Morgenausgabe des ›Figaro‹ stand: »Ein Sturm, der gestern
abend über Paris niederging, verursachte mehrere Unglücksfälle. In
den Champs Elysées warf er eine Platane um. Sieben Personen, die
unter ihr waren, konnten sich retten, bis auf einen Ungarn, den sie
erschlug. . .« (*Walter Mehring*, 1964)

185 Paris. Clinique Marmottan, in die Ödön von Horváth nach dem Unfall gebracht wurde.
»Es war in der Totenhalle der Klinik. Ein schlimmer Keller. Eine abscheuliche Garage der letzten Fahrt. Die vielen Blumen wurden des herzwürgenden Raumes nicht Herr. Erschöpft von der brütenden Hitze des Sommertages drängten sich die Trauergäste in der nackten Enge dieses Kellers. Es waren zumeist Schriftsteller, Flüchtlinge, Verbannte, Ausgebürgerte, Hoffnungslose in der Fremde, zu denen der Tote sich geschlagen hatte.« (*Franz Werfel*, 1938)

décès

REPUBLIQUE FR...

PREFECTURE DE ... EN LA ...

Extrait des ... actes de décès
du 17e A... ...ement

Année 19**38**

de Horwath

le premier juin mil neuf cent trente-huit, vers dix-neuf
heures trente, est décédé, 9, rue d'Armaillé, Edmond de
HORVATH, domicilié 63, rue Monsieur le Prince, né à Fiume
(Hongrie) le neuf décembre mil neuf cent un, écrivain, fils
de Edmond de HORVATH et de Marie PREHNAL, époux, sans pro-
fession, domiciliée à Munich (Allemagne) Divorce de: sans
autres renseignements connus du déclarant) Dressé le qu tre
Juin mil neuf cent trente-huit, neuf heures dix, sur la
déclaration de Maurice Gezare, trente-huit ans, employé,
19, rue d'Armaillé, qui, lecture faite a signé avec Nous,
Jules Henri LECLERC- Adjoint au Maire du 17e arrondissement
de Paris, Chevalier de la Légion Légion d'Honneur./.

Neuf francs 35^{em}

Pour copie conforme
Paris, le vingt-sept Juillet mil neuf cent trente-huit
Le Maire,

approuvé la rature d'un mot nul./.
Le Maire,

186 Totenschein Ödön von Horváths.

Beglaubigte Uebersetzung aus dem Französischen.

Stempelpapier zu Fr. 8.10 - - de Horvath - - Neun Francs 35^{cm}

T o t e n s c h e i n.

Französische Republik - Freiheit - Gleichheit - Brüderlich-
keit - - Präfektur des Bezirkes Seine - - Auszug aus den Ster-
beregisterakten des VII.Bezirkes - - - - - Jahr 1938 - - - -

Am ersten Juni eintausendneunhundertachtunddreissig gegen
neunzehn Uhr dreissig, ist im Hause rue d'Armaillé 19 Edmond
de H o r v a t h, wohnhaft hier, rue Monsieur le Prince 63
gebürtig aus Fiume (Ungarn), geboren am neunten Dezember ein-
tausendneunhunderteins, Schriftsteller, Sohn der Ehegatten
Edmond de Horvath und der Marie Prehnal, wohnhaft in München
(Deutschland), gestorben. Er war gerichtlich geschieden.
(Näheres hierüber ist dem Einschreiter nicht bekannt). - - -

Aufgenommen am vierten Juni eintausendneunhundertachtunddreissig um neun Uhr zehn, über die Anzeige des Maurice
Gozard, achtunddreissig Jahre alt, Angestelter, wohnhaft
hier, rue d'Armaillé 19 der nach Verlesung des Aktes mit mir,
Jules Henri Leclerc, Beigeordnetem des Bürgermeisters für den
VII.Bezirk von Paris, Ritter der Ehrenlegion, unterschrieben
hat. -

Für die Richtigkeit der Abschrift.- Paris, am sieben-
undzwanzigsten Juli eintausendneunhundertachtunddreissig.- -
Der Bürgermeister: Unterschrift unleserlich.- (L.S.) - -

187 Beglaubigte Übersetzung des Totenscheins. Wien, am 30. Juni 1950.

HOTEL DE L'UNIVERS
63, RUE MONSIEUR-LE-PRINCE
PARIS-VIᵉ
(près du Luxembourg)

TÉLÉPH.: DANTON 97-66

4. Juni 38.

Liebe Frau Baronin,

Sie werden aus den Zeitungen
wissen, welch schreckliches Unglück uns
getroffen hat. Mein armer Bruder
wurde am 1. Juni in den Champs
Elysées von einem stürzenden Baum
getroffen und war sofort tot.
Er liegt in der Klinik Paul Marmottan,
rue d'Auteuil. Am Dienstag, den 7. ds.
findet die Feuerbestattung in Père
Lachaise statt.

Er hatte gerade die letzten
Jahre grosse Erfolge, sein drittes
Kind wurde in Amsterdam angenommen

und er soll so heiter und
glücklich gewesen sein wie noch nie.
In seiner Brieftasche fand sich
noch ein Couvert, das an Sie
adressiert war, sicherlich wollte er noch
einen Brief an Sie schreiben.

Ich kenne Ihre augenblickliche
Adresse nicht und schicke diesen
Brief nach Budapest.

Bitte richten Sie dem Herrn
Gemahl meine ergebensten Empfehlungen
aus. Ich weiss wie mein Bruder
Sie hochgeschätzt hat und werde
die schöne Zeit die ich bei Ihnen
verbringen konnte nicht vergessen.
Ich habe damals meinen Ödön
das letztemal gesehen.

Mit Handkuss und ergebenen
Gruss
Lajos v. Horváth

188 Brief Lajos von Horváths an Jolan von Hatvany vom 4. Juni 1938 aus Paris.

189 Der Friedhof St. Ouen im Norden von Paris, wo Ödön von Horváth am 7. Juni 1938 bestattet wurde.

»Ich kenne viele schauerliche Friedhöfe der europäischen Großstädte. Der . . . ist gewiß der schauerlichste. Ein baumloser Anger, auf dem hunderttausend Grabsteine und Kreuze zusammengepreßt sind wie eine verzweifelte Menschenmasse. . . Die Engel der Auferstehung werden es schwer haben, sich auf diesem Friedhof auszukennen. Unser Freund hat es in einer gewissen Hinsicht gut dort. Nicht weit von ihm wölbt sich ein hoher Bahnviadukt, der über den Friedhof gespannt ist. Tag und Nacht donnern die gewaltigen Züge des Lebens und spotten herrisch der Bezeichnung ›Friedhof‹. Paris – Cannes, Paris – London, Paris – Le Havre, zu den großen Schiffen . . . Wild werden Fahnen und Signallaternen geschwungen, schrille Pfiffe ertönen ununterbrochen und hohles Notgeheul, als herrschte in der Ordnung dort oben eine dauernde Verwirrung und eine beständige Katastrophe. Mag's auch ein dummer Einfall sein, dieser wüste Bahnlärm und ein verspieltes Knabenherz passen nicht schlecht zueinander.« (*Franz Werfel*, 1938)

Zeittafel

1901 *9. Dezember:* Edmund (Ödön) Josef von Horváth wird als erster Sohn des Diplomaten Dr. Edmund Josef von Horváth (1874-1950) und Maria Hermine geb. Prehnal (1882-1959) in Susak, einem Vorort von Fiume geboren.

1902 *Sommer:* Übersiedlung nach Belgrad.

1903 *6. Juli:* Bruder Lajos von Horváth in Belgrad geboren (gest. 1968).

1908 Übersiedlung nach Budapest. Erster Unterricht in ungarischer Sprache durch einen Hauslehrer.

1909 Dr. Horváth wird nach München versetzt. Ödön von Horváth bleibt in Budapest und besucht dort das Rákóczianum (Erzbischöfliches Internat). Intensive religiöse Erziehung.

1913/14 Ödön von Horváth wird zu seinen Eltern nach München geholt, besucht dort die dritte Klasse des K. Wilhelms-Gymnasiums und wechselt dann in das Realgymnasium in der Klenzestraße. Ernste Differenzen mit dem Religionslehrer Dr. Heinzinger, die jahrelang wirksam bleiben, schlagen sich später auch in seinem Werk nieder.
Dr. Edmund von Horváth wird einberufen.

1915 Dr. Horváth wird von der Front wieder abberufen und nach München beordert.

1916 Übersiedlung nach Preßburg. Erste Zeugnisse »schriftstellerischer« Versuche in Form von Gedichten, von denen eines *(Luci in Macbeth. Eine Zwerggeschichte von Ed. v. Horváth)* erhalten ist; von anderen Gelegenheitsdichtungen« *(Professoren in der Unterwelt* u. a. *)* berichten« Freunde aus der Jugendzeit.

1918 Vor Kriegsende wird Dr. Horváth nach Budapest berufen. Dort stößt Ödön von Horváth zu einem Kreis junger Leute (Galilei-Kreis), die mit Begeisterung die nationalrevolutionären Werke von Endre Ady lesen. Starkes Interesse an den machtpolitischen Kämpfen in Budapest.

1919 *Frühjahr:* Dr. Horváth wird nach München versetzt. Ödön von Horváth kommt in die Obhut eines Onkels nach Wien und besucht dort das Privatgymnasium der Salvatorianer. *Sommer:* Abitur in Wien; danach Übersiedlung nach München.

Herbst: Immatrikulation an der Ludwig-Maximilians-Universi-
tät in München (bis zum Wintersemester 1921/22).
1920 Begegnung mit Siegfried Kallenberg in München; auf
dessen Anregung hin entsteht *Das Buch der Tänze.*
1922 *Das Buch der Tänze* erscheint im El Schahin Verlag,
München, in einer Auflage von 500 Exemplaren; später
(1926) kauft Ödön von Horváth die Restauflage mit Hilfe
seines Vaters auf und vernichtet sämtliche erreichbaren
Exemplare.
7. Februar: Das Buch der Tänze wird zusammen mit dem *Buch
der frühen Weisen* und *Aus einem Herbst* im Steinicke-Saal
in München konzertant aufgeführt. Es ist dies der »I. Litera-
risch-musikalische Abend der Kallenberg-Gesellschaft«.
Weitere schriftstellerische Versuche; vermutliche Entstehungszeit von *Ein Epilog* und der »romantischen Novelle«
Amazonas.
1923 Ödön von Horváth zieht in die Villa seiner Eltern nach
Murnau. Intensive schriftstellerische Arbeit, doch vernichtet
er fast alle seine Manuskripte. Mutmaßliche Entstehungszeit
des Fragments *Dósa* und des Schauspiels *Mord in der Mohrengasse,* aus dem einzelne Motive in späteren Volksstücken
wieder auftauchen. Neben kurzen Prosaskizzen Niederschrift
der *Sportmärchen,* die – 1924 und später – in verschiedenen
Zeitschriften und Zeitungen gedruckt werden.
1924 *26. März:* anläßlich des »III. Literarisch-musikalischen
Abends der Kallenberg-Gesellschaft« gelangen wiederum
Texte Horváths vor die Öffentlichkeit. Außer der *Geschichte
einer kleinen Liebe* und dem *Ständchen* (mit der Musik
Siegfried Kallenbergs) auch noch Horváths *Schlaf meine
kleine Braut,* das verschollen ist.
Im Herbst unternimmt Ödön von Horváth gemeinsam mit
seinem Bruder Lajos eine mehrwöchige Paris-Reise; danach
faßt er den Entschluß, sich in Berlin niederzulassen.
1926 *20. Februar: Das Buch der Tänze* wird am Stadttheater
Osnabrück uraufgeführt.
Mutmaßliche Entstehungszeit des Volksstücks *Revolte auf
Côte 3018* und der Komödie *Zur schönen Aussicht.*
1927 Im Büro der »Deutschen Liga für Menschenrechte« in
Berlin sichtet Horváth Unterlagen für eine Denkschrift zur
Justizkrise; dort stößt er auf Material über die Fememorde
der Schwarzen Reichswehr.
Vermutliche Entstehungszeit eines fragmentarischen Schau-
spiels, das sich mit dem *Fall Ella Wald* befaßt.

4. November: Revolte auf Côte 3018 wird in Hamburg uraufgeführt. Nach der Uraufführung arbeitet Horváth sein Volksstück um und gibt ihm den Titel *Die Bergbahn.*

1928 Die Historie *Sladek oder Die schwarze Armee* arbeitet
Horváth um und gibt der Neufassung den Titel *Sladek der
schwarze Reichswehrmann.*

1929 *4. Januar: Die Bergbahn* wird in Berlin uraufgeführt.

11. Januar: Der Ullstein-Verlag schließt mit Horváth auf ein
Jahr einen Vertrag, der ihm monatlich 300 Mark zusichert
als Vorschuß auf die »gesamte schriftstellerische Produktion
an dramatischen, erzählenden und lyrischen Werken«. Der
Vertrag wurde dann später verlängert und ab 1931 auf
500 Mark erhöht.

Unter Verwendung eines früheren Entwurfs mit dem Titel
Ein Fräulein wird verkauft entsteht die Posse *Rund um den
Kongreß.* Das erste Kapitel eines Romans *Herr Reithofer
wird selbstlos* bildet die Grundlage zum *Ewigen Spießer.*
Auch die *Geschichten der Agnes Pollinger* werden weiter
ausgearbeitet, wobei das Konzept eines *Romans einer
Kellnerin* mit den Titeln *Ursula* und *Charlotte* Verwendung
findet. Mutmaßliche Entstehungszeit des Romanentwurfs
Der Mittelstand.

13. Oktober: Sladek der schwarze Reichswehrmann gelangt
in einer Matinee-Vorstellung zur Uraufführung und provoziert
heftige Angriffe der Nationalsozialisten.

Horváth unternimmt eine Spanienreise, deren Erlebnisse
sich später im ersten Teil des Romans *Der ewige Spießer*
niederschlagen.

1930 Horváth beendet den Roman *Der ewige Spießer* und
übergibt ihn dem Propyläen Verlag, in dessen Theaterab-
teilung — Arcadia — auch seine Stücke erscheinen.
Mehrere Autorenabende, u.a. auch in München.
Personen und Vorgänge aus seinem Erlebnisbereich
schlagen sich in dem Volksstück *Italienische Nacht* nieder.

1931 *20. März: Italienische Nacht* wird in Berlin uraufgeführt.

4. Juli: Oskar Sima inszeniert in Wien eine entpolitisierte
Fassung der *Italienischen Nacht.* Anläßlich dieser Premiere
erklärt Horváth, daß er »soeben« die *Geschichten aus dem
Wiener Wald* abgeschlossen habe, an denen er lange Zeit
gearbeitet hatte.

22./23. Juli: In Weilheim wird Horváth bei einem Saal-
schlacht-Prozeß als Zeuge vernommen und von den Nationalsozialisten heftig angegriffen.

Herbst: Auf Vorschlag von Carl Zuckmayer erhält Ödön von Horváth — zusammen mit Erik Reger — den Kleist-Preis.

2. November: Die Uraufführung von *Geschichten aus dem Wiener Wald* am Deutschen Theater in Berlin wird zu einem entscheidenden Erfolg.

Max Reinhardt regt Ödön von Horváth und R. A. Stemmle an, eine Ausstattungsrevue *Magazin des Glücks* zu schreiben, an der auch Walter Mehring mitarbeiten soll. Mehrere Entwürfe entstehen, werden aber nicht mehr ausgearbeitet.

Das Volksstück *Kasimir und Karoline* wird noch im selben Jahr abgeschlossen.

1932 *Februar:* Begegnung mit Lukas Kristl in München, der Horváth die Anregung zu einem Stück über »die kleinen Paragraphen« gibt; *Glaube Liebe Hoffnung* wird aufgrund eines authentischen Vorfalls aus dem Jahre 1929 konzipiert und mehrfach umgearbeitet.

Autorenlesungen (in München) und ein Interview im Bayerischen Rundfunk (5. April) belegen Horváths wachsende Popularität.

18. November: Uraufführung von *Kasimir und Karoline* in Leipzig und eine Woche später — in derselben Inszenierung — in Berlin. Horváth sieht sich veranlaßt, eine *Gebrauchsanweisung* für seine Stücke zu konzipieren.

Der Vertrag zwischen Ullstein und Horváth wird »auf Grund gegenseitigen freundschaftlichen Übereinkommens« gelöst.

1933 Heinz Hilpert wird von den Nationalsozialisten gezwungen, *Glaube Liebe Hoffnung* von Ödön von Horváth, das er zur Uraufführung angenommen hatte, abzusetzen. Auch andere geplante Aufführungen von Horváths Werken an deutschen Bühnen finden nicht mehr statt.

In Murnau wird das Haus der Eltern Horváths von einem SA-Trupp durchsucht. Der ungarische Gesandte protestiert. Ödön von Horváth verläßt Deutschland, fährt nach Salzburg und anschließend nach Wien.

Die Unbekannte aus der Seine entsteht.

10. Dezember: Um die ungarische Staatsbürgerschaft zu behalten, muß Horváth nach Budapest reisen. Dieses Erlebnis schlägt sich in der Posse *hin und her* nieder.

27. Dezember: Ödön von Horváth heiratet in Wien die Sängerin Maria Elsner. Am 2. September 1934 wird die Ehe wieder geschieden.

1934 Die in Wien geplante Uraufführung von *Die Unbekannte aus der Seine* kommt nicht zustande.

Horváth reist wieder nach Berlin, da er ein Theaterstück über den Nationalsozialismus plant. Seine Eindrücke finden sich wieder in dem Entwurf und den Szenen von *Der Lenz ist da!* Ähnliche Motive werden dann auch in dem Roman *Jugend ohne Gott* (von Horváth) verwendet. In Berlin gewinnt Horváth Anschluß an die Filmindustrie, entwickelt mehrere Stoffe, schreibt Film-Dialoge und adaptiert Themen wie *Kean* und *Brüderlein fein!* Die meisten Unterlagen aus dieser Zeit sind nicht mehr auffindbar; berichtet wird von Exposés unter dem Titel *Kuß im Parlament* und *Pässe nach Deutschland.* Später distanziert sich Horváth von seiner Filmarbeit.

Unter Verwendung früherer Motive entsteht das »Märchen« *Himmelwärts,* das ein Berliner Bühnenvertrieb noch im selben Jahr übernimmt, aber in Deutschland nicht mehr placieren kann. Unter demselben Titel entstehen mehrere Entwürfe anderen Inhalts, u.a. auch ein Roman *(Ludwig Schlamperl).* Die Nationalsozialisten leiten neue Untersuchungen gegen Ödön von Horváth ein.

13. Dezember: Uraufführung von *hin und her* in Zürich. Horváth nimmt diese Gelegenheit wahr, zusammen mit der Berliner Schauspielerin Wera Liessem Deutschland zu verlassen, kehrt dann aber doch wieder nach Berlin zurück.

1935 Mehrere Pläne, Skizzen und Fragmente aus dem Themenbereich »Flucht aus der Gegenwart« entstehen. Ab *September* hält sich Ödön von Horváth in Wien auf. Gemeinsam mit seinem Bruder Lajos faßt er den Plan zu einem bebilderten Brief-Roman mit dem Titel *Die Reise ins Paradies.* Als Auftragsarbeit des Max Pfeffer Verlages schreibt Horváth das Lustspiel *Mit dem Kopf durch die Wand,* das er selbst mehrmals umarbeitet, aber nach der Uraufführung in Wien *(10. Dezember)* endgültig verwirft.

1936 Das Schauspiel *Der jüngste Tag* wird abgeschlossen, und in rascher Folge, zum Teil auf frühere Entwürfe zurückgreifend, entstehen die Stücke *Figaro läßt sich scheiden* und *Don Juan kommt aus dem Krieg.* Während dieser Zeit hält sich Horváth vornehmlich in Wien und in Henndorf bei Salzburg auf. Als er im August seine Eltern in Possenhofen besucht, wird ihm mitgeteilt, daß ihm die Aufenthaltserlaubnis entzogen sei und er binnen 24 Stunden Deutschland zu verlassen habe.

13. November: Glaube Liebe Hoffnung wird unter dem Titel *Liebe, Pflicht und Hoffnung* in Wien uraufgeführt.

1937 Horváth distanziert sich von fast allen seinen bisherigen

Bühnenstücken und faßt den Entschluß, eine *Komödie des Menschen* zu schreiben. Entstanden sind inzwischen das Lustspiel *Ein Dorf ohne Männer* und die »Komödie eines Erdbebens« *Pompeji*, die einzigen beiden Stücke, die Horváth bereit ist, seiner *Komödie des Menschen* zu integrieren.

In Henndorf bei Salzburg beendet Horváth den Roman *Jugend ohne Gott*.

2. April: Uraufführung von *Figaro läßt sich scheiden* in Prag.

24. September: Uraufführung von *Ein Dorf ohne Männer* in Prag.

Im Herbst erscheint bei Allert de Lange in Amsterdam der Roman *Jugend ohne Gott* und wird ein außerordentlicher Erfolg; zahlreiche ausländische Agenturen erwerben Übersetzungsrechte. Horváth beginnt seinen nächsten Roman *Ein Kind unserer Zeit*.

5. Dezember: Uraufführung von *Himmelwärts* (in einer Bearbeitung) als Matinee-Vorstellung in Wien.

11. Dezember: Uraufführung von *Der jüngste Tag* in Mährisch-Ostrau.

Bis zum Jahresende wird der letzte Roman Horváths *Ein Kind unserer Zeit* abgeschlossen und vom Allert de Lange Verlag übernommen.

1938 Starke Depressionen, Unzufriedenheit im Künstlerischen, verstärkt durch finanzielle Sorgen, hindern Horváth an der Verwirklichung weiterer Pläne. Von dem Romankonzept *Adieu Europa!* entstehen nur wenige – ständig variierte – Seiten.

März: Flucht seiner Freunde – Walter Mehring nach Zürich, Hertha Pauli nach Paris, Franz Theodor Csokor nach Polen.

12./13. März: Auch Horváth verläßt Wien und folgt einer Einladung von Lajos von Hatvany nach Ofen.

30. März: Horváth besucht die Schauspielerin Lydia Busch in Teplitz-Schönau, bleibt dort bis in die zweite Aprilhälfte, will von Prag aus nach Amsterdam fliegen, läßt diesen Plan jedoch wieder fallen.

Anfang Mai: Über Budapest – Jugoslawien – Triest – Venedig und Mailand fährt Horváth nach Zürich.

18. Mai: Ankunft in Brüssel, Weiterreise nach Amsterdam.

28. Mai: Ankunft in Paris zu Besprechungen mit Armand Pierhal, dem Übersetzer von *Jugend ohne Gott* und *Ein Kind unserer Zeit,* und Robert Siodmak, der *Jugend ohne Gott* verfilmen will.

1. Juni: Treffen mit Robert Siodmak. Horváth hat die Absicht, am nächsten Morgen nach Zürich zu reisen. Gegen 19.30 Uhr wird Ödön von Horváth durch einen stürzenden Ast gegenüber dem Théâtre Marigny getötet.

7. Juni: Ödön von Horváth wird auf dem Friedhof St. Ouen, im
Norden von Paris, bestattet.

8. Dezember: Im Salle d' Iena in Paris findet eine Gedenkfeier für Ödön von Horváth mit *Glaube Liebe Hoffnung* statt.

1938-41 Von den Romanen *Jugend ohne Gott* und *Ein Kind
unserer Zeit* erscheinen in diesem Zeitraum insgesamt 15
fremdsprachige Ausgaben.

1945 *7. Dezember: Der jüngste Tag* wird als erstes Stück
Horváths nach dem Krieg in Wien gespielt. Damit beginnt das
Theater in der Josefstadt eine kontinuierliche Horváth-Pflege,
der sich dann auch die Wiener Kellertheater, das Volkstheater
und Jahre später auch das Burgtheater mit seinen Bühnen
anschließen.

1947 *3. April: Der jüngste Tag* wird als erstes Stück Horváths
nach dem Krieg in Deutschland, und zwar durch die Münchner
Kammerspiele aufgeführt.

1948 *1. Dezember:* Im Wiener Volkstheater kommt es anläßlich
der Erstaufführung von *Geschichten aus dem Wiener Wald*
zu einem Theaterskandal.
Jugend ohne Gott erscheint im Wiener Bergland Verlag.

1949 *2. Dezember:* Uraufführung von *Die Unbekannte aus der
Seine* im Studio der Hochschulen in Wien.

1951 *Juni:* Franz Theodor Csokor veröffentlicht in der Zeitschrift
»Der Monat« ein Plädoyer für Ödön von Horváth und seine
Werke. »Über den Torso jenes Werkes, das uns der Dichter
Ödön von Horváth hinterließ und das sechzehn Stücke und
drei Prosabücher umfaßt, gilt es schon deshalb zugleich mit
einer Betrachtung seiner schöpferischen Persönlichkeit zu
schreiben, weil in unserer Literatur vielleicht seit dem – Jahrzehnte nach seinem Tod erst wiederentdeckten – Georg
Büchner kein so verheißungsvoller Aufbruch durch ein jähes
Ende abgeschnitten wurde. Und weil die Gefahr droht, daß in
unserer geistig zentrifugalen Zeit die Erinnerung an seine
Bücher und an seine größtenteils noch unaufgeführten Stücke
mit dem Hingang der Letzten, die ihn kannten und liebten,
verlösche.«
Der Roman *Ein Kind unserer Zeit* erscheint im Bergland
Verlag in Wien.

1952 *10. Oktober:* In München kommt es anläßlich der Erstaufführung von *Kasimir und Karoline* an den Kammerspielen zu
einem Theaterskandal.

12. Dezember: Uraufführung von Horváths Schauspiel *Don Juan kommt aus dem Krieg* (unter dem Titel: *Don Juan kommt zurück*) am »Theater der Courage« in Wien.

1953 *30. Dezember:* Heinz Hilpert versucht durch *Himmelwärts* am Deutschen Theater in Göttingen auf den Dramatiker Ödön von Horváth erneut hinzuweisen und setzt die Pflege des Werkes auch in den späteren Spielzeiten fort.

1957 *März:* Hans Weigel veröffentlicht in der Zeitschrift »Theater und Zeit« eine »Aufforderung Ödön von Horváth zu spielen«, in der es heißt: »Spielt Ödön von Horváth mit aller Liebe und Sorgfalt, als hieße er nicht Ödön, sondern T. S. oder Tennessee, spielt ihn, weil er genau das ist, was er von dem Titelhelden eines seiner nachgelassenen Romane sagt: Ein Kind unserer Zeit. Spielt ihn auch um eurer Schauspieler willen, die eine Fülle herrlicher Rollen bei ihm finden, um eures Publikums willen, das bei ihm unter anderem auch lachen kann . . .«

1958 *29. Mai: Glaube Liebe Hoffnung* wird als erstes Theaterstück Horváths vom Deutschen Fernsehen ausgestrahlt. Ab 1958 erfolgen jedes Jahr ein bis zwei Inszenierungen von seinen Stücken im Deutschen oder Österreichischen Fernsehen und machen weiteste Publikumskreise mit dem Namen bekannt.

28. November: Urlesung von *Pompeji* im Volkshochschul-Studio in Recklinghausen.

1959 *6. Januar:* Uraufführung von *Pompeji* in der »Tribüne« in Wien.

1961 *Oktober:* Bei Rowohlt erscheinen erstmals neun Stücke Ödön von Horváths in einer preiswerten Buchausgabe.

1962 An der Wiener Universität entsteht die erste Dissertation über Ödön von Horváth (von Gabriele Reuther).
November: An der Akademie der Künste in Berlin wird ein Ödön von Horváth-Archiv eingerichtet. In dem Archiv der Akademie der Künste werden – unter Leitung von Dr. Walther Huder – u. a. auch die Nachlässe von Georg Kaiser, Alfred Kerr, Ferdinand Bruckner, Carl Einstein, Theodor Däubler und George Grosz verwaltet. Die offizielle Eröffnung des Archivs wird (1963) mit einer Ödön von Horváth-Ausstellung verbunden, die in späteren Jahren auch in anderen Städten zu sehen ist.

1964 *6. März:* Die »Schaubühne am Halleschen Ufer« versucht durch die Inszenierung von *Kasimir und Karoline* Horváth für das Berliner Publikum neu zu entdecken.

25. November: Anläßlich einer Inszenierung von *Kasimir und Karoline* am Theater in der Josefstadt in Wien schreibt Friedrich Torberg: »Ödön von Horváth befindet sich auf dem Weg zum Klassiker, ob er's will oder nicht und ob er's auch noch so komisch fände, wenn er's erlebt hätte. Von Mal zu Mal treten seine Eigenarten klarer hervor und seine Uneigenartigkeiten weiter zurück, schärft sich unser Blick für die Schärfe des seinen, rückt sich der Fokus zurecht, der durch alltäglichen Vordergrund hindurch ein metarealistisches Weltbild sichtbar macht, wie es kein zweiter zeitgenössischer Autor aufzubauen weiß.«

1965 In Belgien erscheint die erste ausländische Monographie über Horváth (von Andries Poppe).

5. Januar: An der University of Wisconsin wird ein Schwesterarchiv des Berliner Horváth-Archivs eingerichtet.

1966 An der Universität von Bologna wird die erste italienische Dissertation über Ödön von Horváth (von Maria Eugenia Leoni) vorgelegt.

Juli: Im Friedrich Verlag erscheint die erste deutschsprachige Monographie über Ödön von Horváth (von Kurt Kahl).

Herbst: Das Dritte Programm des Westdeutschen Rundfunks bringt zum ersten Mal eine filmische Dokumentation über den Dichter (von Traugott Krischke).

1967 *8. Februar:* Die Aufführung der *Italienischen Nacht* im Stadttheater Konstanz führt zu einem Theaterskandal.

September: Eine französische Buchausgabe mit drei Stücken Ödön von Horváths erscheint bei Gallimard in Paris.

1967-68 In Prag werden Horváths *Geschichten aus dem Wiener Wald* unter dem Titel *Povídky z Vídeňského lesa* und später auch *Figaro läßt sich scheiden* unter dem Titel *Figarův rozvod* für die CSSR erstaufgeführt und gespielt; eine tschechische Buchausgabe mit drei Stücken Horváths erscheint bei Orbis in Prag.

1968 *März:* Peter Handke schreibt zum 70. Geburtstag Bert Brechts in der Zeitschrift »Theater heute«: »Als reine Formspiele kann ich die Stücke Brechts noch ertragen, als unwirkliche, aber doch ergreifende Weihnachtsmärchen, weil sie mir eine Einfachheit und Ordnung zeigen, die es nicht gibt. Ich ziehe Ödön von Horváth und seine Unordnung und unstilisierte Sentimentalität vor. Die verwirrten Sätze seiner Personen erschrecken mich, die Modelle der Bösartigkeit, der Hilflosigkeit, der Verwirrung in einer bestimmten Gesellschaft werden bei Horváth viel deutlicher.«

September: In Karl-Marx-Stadt findet die DDR-Erstaufführung von *Kasimir und Karoline* statt.

Eine französische Fassung von *Don Juan kommt aus dem Krieg* wird unter dem Titel *Don Juan revient de guerre* vom ORTF ausgestrahlt.

28. Oktober: An der Universität von Stockholm wird ein Schwesterarchiv des Berliner Horváth-Archivs eingerichtet.

1969 *12. Februar:* In Rennes findet unter dem Titel *Cent Cinquante Marks ou la Foi, L'Espérance, la Charité* die französische Erstaufführung von *Glaube Liebe Hoffnung* statt.

1. März: In Magdeburg wird die *Italienische Nacht* für die DDR erstaufgeführt. Im Verlag Volk und Welt in Berlin erscheint die erste DDR-Buchausgabe mit Stücken Ödön von Horváths.

Frühjahr: Im Pariser Théâtre de la Cité Universitaire finden einige Aufführungen von *Don Juan kommt aus dem Krieg* statt; die offizielle französische Erstaufführung erfolgt im April 1970 anläßlich des VII. Festival de Royan. Ab August 1970 finden die Aufführungen anläßlich des Pariser Festival Estival im Théâtre Hébertot statt.

5. März: Uraufführung der Posse *Rund um den Kongreß* am Theater im Belvedere in Wien.

Juni: Der Thomas Sessler Verlag stiftet einen Ödön-von-Horváth-Preis für junge deutschsprachige Dramatiker, der 1970/71 erstmals verliehen werden soll.

September: In Wien erscheint Jenö Krammers Horváth-Monographie »aus ungarischer Sicht«.

27. September: Traugott Krischke wird als Sachwalter des literarischen Nachlasses Ödön von Horváths eingesetzt.

5. Oktober: Uraufführung der Komödie *Zur schönen Aussicht* am Schauspielhaus in Graz.

22. Oktober: Schwedische Erstaufführung von *Kasimir und Karoline* in Uppsala-Gävle.

1970–72 Im Suhrkamp Verlag erscheinen Ödön von Horváths *Gesammelte Werke* in einer vierbändigen Dünndruckausgabe, der dann (1972) eine achtbändige »Werkausgabe« folgt; zahlreiche Einzelausgaben und Materialienbände erscheinen im Lauf der nächsten Jahre.

1970 *6. Februar/1. März:* BBC Radio 3 stellt mit *Sladek, der schwarze Reichswehrmann* unter dem Titel *Sladek The Black Militia Man* eines der Horváth-Werke erstmals einer englischen Hörerschaft vor.

Sommer: Figaro läßt sich scheiden wird als erstes Stück Ödön von Horváths anläßlich der Salzburger Festspiele 1970 aufgeführt. Die Ferdinand-Raimund-Gesellschaft bringt im Gasthof Bräu in Henndorf eine Gedenktafel an.

1971 In der Spielzeit 1970/71 erreicht die sog. Horváth-»Renaissance« einen Höhepunkt. Es werden 23 Inszenierungen von Horváth-Stücken an deutschen Bühnen, 3 in Österreich, 2 in der Schweiz und 11 im fremdsprachigen Ausland registriert.

In Finnland werden *Kasimir und Karoline (28. Januar)* und *Glaube Liebe Hoffnung (2. September)* erstaufgeführt. Es folgen die Erstaufführungen von *Geschichten aus dem Wiener Wald* in ungarischer, rumänischer und polnischer Sprache. In der Cartoucherie von Vincennes wird *Kasimir und Karoline* für Frankreich erstaufgeführt *(5. November)*.

Anläßlich des 70. Geburtstags von Ödön von Horváth findet in der Berliner Akademie der Künste ein Horváth-Colloquium statt und im Wiener Museum des XX. Jahrhunderts eine große Horváth-Ausstellung der »Gesellschaft für neuere österreichische Literatur« in Zusammenarbeit mit der Akademie der Künste in Berlin.

1972 *26. März:* Uraufführung von *Sladek oder Die schwarze Armee* an den Münchner Kammerspielen.

16. September: Holländische Erstaufführung von *Don Juan kommt aus dem Krieg* durch toneelgroup theater in Arnheim. Die polnische Erstaufführung von *Die Unbekannte aus der Seine* findet in Poznań statt.

Der Suhrkamp Taschenbuch Verlag veröffentlicht, in Ergänzung zur Gesamtausgabe, den ersten Bildband über Horváth.

1973 *7. September:* Schwedische Erstaufführung von *Geschichten aus dem Wiener Wald* in Göteborg.

1974 *12. – 14. Januar:* In Rom findet ein internationales Studienseminar zum Thema »Entdeckung und Aktualität von Ödön von Horváth im Italien der 70er Jahre« statt. Im Teatro di Roma wird *Kasimir und Karoline* erstaufgeführt, bei Adelphi erscheinen vier Stücke Horváths und bei Bompiani seine drei Romane in italienischer Übersetzung.

In Budapest erscheint Horváths erster Roman *Der ewige Spießer* in ungarischer Sprache.

Die Stockholmer Koordinationsstelle zur Erforschung deutschsprachiger Exilliteratur zählt (lt. Neue Zürcher Zeitung vom 10. 4. 1974) insgesamt 32 Dissertationen über Ödön von Horváth.

1975 *Februar:* Italienische Erstaufführung von *Italienische Nacht* in Rom.

5.-24. Mai: In Graz findet ein internationales Horváth-Symposion statt, verbunden mit einer Horváth-Ausstellung der »Dokumentationsstelle für neuere österreichische Literatur«. *Oktober:* Bei Rowohlt erscheint die erste Bildmonographie über Horváth (von Dieter Hildebrandt).

1976 *12. September:* DDR-Erstaufführung von *Geschichten aus dem Wiener Wald* in Halle.

1977 *28. Januar:* Maximilian Schell erringt als Regisseur der englischen Erstaufführung von *Geschichten aus dem Wiener Wald* (unter dem Titel: *Tales From Vienna Woods*) am National Theatre in London einen sensationellen Erfolg. Bei Faber and Faber erscheint die erste englische Ausgabe der *Geschichten aus dem Wiener Wald* und – im April – in einem Moskauer Verlag die Erstausgabe der Bühnenstücke Horváths in russischer Sprache.

Nachwort von
Traugott Krischke

Klaus Mann. Über Ödön von Horvath.
»Er war ein Dichter, nur wenige verdienen diesen Ehren-
namen. Die Atmosphäre echter Poesie war in jedem Satz, den
er geschrieben hat, und sie war auch um seine Person, war in
seinem Blick, seiner Rede. Er hatte eine merkwürdige, lang-
same, etwas träge, zugleich schläfrige und eindringliche Art
des Sprechens. Mit einem Lächeln, das kindlich, aber nicht
ganz ohne Grausamkeit war, liebte er es, wunderliche und
schreckliche Geschichten vorzutragen – Geschichten, in
denen seltsame Krüppel oder groteske Unglücksfälle,
komische, ausgefallene, fürchterliche Begebenheiten ihre
Rolle spielten. Er sah aus wie ein gemütlicher Mann, der gern
ißt und trinkt und mit Freunden plaudert. Er aß und trank
auch gern, und er plauderte gern mit Freunden. Freilich waren
seine Plaudereien von solcher Art, daß es den Freunden zuweilen eiskalt den Rücken hinunterlief. Er war verliebt ins Unheimliche; aber durchaus nicht in spielerischer, ästhetizi-
stischer, literarischer Weise; vielmehr war das Unheimliche,
war das Dämonische in ihm, als ein Element seines Wesens.«[1]

Wer war dieser Ödön von Horváth? »Dieser Ödön von
Horváth, dessen Name so eigenartig nach Mord-Chronik,
Steckbrief, k.k. Armee-Überbleibsel klingt«, wie Anton Kuh
es formulierte.[2]

Ödön von Horváth: »Ich wurde in Fiume geboren, bin in
Belgrad, Budapest, Preßburg, Wien und München aufgewachsen und habe einen ungarischen Paß – [. . .] Ich bin
eine typisch altösterreichisch-ungarische Mischung:
magyarisch, kroatisch, deutsch, tschechisch – mein Name ist
magyarisch, meine Muttersprache ist deutsch. [. . .] Meine
Generation, die in der großen Zeit die Stimme mutierte,
kennt das alte Österreich-Ungarn nur vom Hörensagen, jene
Vorkriegsdoppelmonarchie, mit ihren zwei Dutzend Nationen,

mit borniertestem Lokalpatriotismus neben resignierter Selbstironie, mit ihrer uralten Kultur, ihren Analphabeten, ihrem absolutistischen Feudalismus, ihrer spießbürgerlichen Romantik, spanischen Etikette und gemütlichen Verkommenheit. Ich weine dem alten Österreich-Ungarn keine Träne nach. Was morsch ist, soll zusammenbrechen . . . «[3]

Das war 1929. In der Zeitschrift »Der Querschnitt«. Anläßlich der Berliner Aufführung des Volksstückes »Die Bergbahn«, das – ein Jahr zuvor – in anderer Fassung unter dem Titel »Revolte auf Côte 3018« an den Hamburger Kammerspielen uraufgeführt worden war. »Ein Stück, das noch keines ist. Allenfalls eine Studie. Vielleicht eine Talentprobe« hieß es damals über Horváths Erstling.[4] Eine andere Kritik lautete: »Der Autor, von dem ich sehr feine Novellen kenne, hat den Beweis, daß er ein Theaterstück schreiben könne, nicht erbracht. Er hat ihn doch erbracht. Er wird es noch können.«[5]

Vier Jahre später wird der Beweis erbracht. Ödön von Horváth erhält 1931 den Kleist-Preis. Der 35jährige Carl Zuckmayer hatte den 29jährigen Dramatiker vorgeschlagen. »Horváth«, schrieb Zuckmayer in seiner Begründung[6], »scheint mir unter den jüngeren Dramatikern die stärkste Begabung und, darüber hinaus, der hellste Kopf und die prägnanteste Persönlichkeit zu sein. Seine Stücke sind ungleichwertig, manchmal sprunghaft und ohne Schwerpunkt. Aber niemals wird sein Ausdruck mittelmäßig – was er macht, hat Format – , und sein Blick ist eigenwillig, ehrlich, rücksichtslos. Seine Gefahr ist das Anekdotische, seine Stärke die Dichtigkeit der Atmosphäre, die Sicherheit knapper Formulierung, die lyrische Eigenart des Dialogs. [. . .] Es ist anzunehmen, daß er der dramatischen Kunst, die immer ohne Einschränkung eine Kunst der Mensch- und Wortgestaltung bleibt, neue lebensvolle Werte zuführen wird.«

Zur gleichen Zeit wird Horváths Volksstück »Geschichten aus dem Wiener Wald« an Max Reinhardts Deutschem Theater in Berlin uraufgeführt. Regie: Heinz Hilpert. In den Hauptrollen: Carola Neher als Marianne, Hans Moser als Zauberkönig, Peter Lorre als Alfred, Paul Hörbiger spielt den Rittmeister und Paul Dahlke den Erich. Im Parkett die angesehensten Kritiker deutscher Zeitungen. Unter ihnen Monty Jacobs, Bernhard Diebold, Alfred Polgar, Julius Bab, Kurt Pinthus und Alfred Kerr. Er schreibt im »Berliner Tageblatt« – : »Eine stärkste Kraft unter den Jungen, Horváth, umspannt hier größere Teile des Lebens als zuvor. In den Stücken von seiner Bergbahn, dann von einer schwarzen Reichswehr gab es Wirtschaftliches und Kämpferisches. In der himmlischen ›Italienischen Nacht‹ den besten Zeitspaß dieser Läufte. Jetzt malt er . . . ein ganzes Volk. So umspannt er weit mehr als zuvor.«[7] Man solle die Nazis nicht reizen, – nicht mit solchen Stücken, äußert Dr. Franz Ullstein, in dessen Arcadia-Verlag Horváths Bühnenwerke verlegt wurden, nach der Premiere. Aber es war fast schon zu spät. Horváth hatte die Nazis schon zu oft – und zu heftig gereizt. Am 14. Februar 1933 wird im Völkischen Beobachter zu lesen sein: »Ödön von Horváth besaß die Frechheit, die Nationalsozialisten anzupöbeln. Seine ›Italienische Nacht‹ zeichnet uns als Feiglinge, die durch ein einziges Schimpfwort seitens einer Frau in die Flucht geschlagen werden können. Wird sich der Ödön noch wundern!« Ende 1932 zählte Horváth noch zu den erfolgreichsten Dramatikern. Das Volksstück ›Kasimir und Karoline‹ war in Leipzig uraufgeführt und in Berlin gespielt worden. Für Anfang 1933 ist die Uraufführung von ›Glaube Liebe Hoffnung‹ am Deutschen Theater in Berlin vorgesehen. In einer Bearbeitung Franz Horchs planen die Kammerspiele des Thalia-Theaters in Hamburg die ›Geschichten aus dem Wiener Wald‹. Im kleinen Schauspielhaus in Hamburg soll ›Kasimir und Karoline‹ gespielt werden. Als das Jahr 1933 beginnt, ist Ödön von Horváth in München. Man feierte Fasching »voll einer gewissen verzweifelten Lustigkeit«, schreibt Klaus Mann.[8] »Zwischen einem Tango und einem Walzer erzählte man sich die neuesten Schreckensnachrichten aus Berlin, während in der Hauptstadt das Reichstagsgebäude in Flammen stand. Wir tanzten im Hotel Vier Jahreszeiten, während die Brandstifter Unschuldige des Verbrechens bezichtigten, das sie begangen hatten. Das war am 28. Februar – Faschingsdienstag – , und tags darauf war Aschermittwoch. Als der Anarchist Erich Mühsam, der Pazifist Carl von Ossietzky und der Kommunist Ernst Thälmann von der Gestapo verhaftet wurden, kehrte man in München Luftschlangen und Konfetti von den Straßen. Man war verkatert. Der Fasching war vorüber.«

Vier Jahre später schreibt Ödön von Horváth seinen Roman ›Jugend ohne Gott‹. Julius Caesar, der weise Altphilologe des Mädchenlyzeums, sagt dort die Sätze: »Es kommen kalte Zeiten, das Zeitalter der Fische . . . Die Erde dreht sich in das

Zeichen der Fische hinein. Da wird die Seele des Menschen unbeweglich wie das Antlitz eines Fisches . . .«[9]
Die Kalten Zeiten waren angebrochen. Das Zeitalter der Fische hatte begonnen ––. Durch die »Verordnung zum Schutz von Volk und Staat« wird der Willkür freie Bahn gegeben. Fortan stehen Beschlagnahme, Verbote, Hausdurchsuchungen und Verhaftungen auf der Tagesordnung.
Als die Villa Horváth in Murnau von einem SA-Trupp durchsucht wird, verläßt Horváth Deutschland.

Das Märchen ›Himmelwärts‹ war noch in Berlin entstanden, ohne aufgeführt zu werden. Der Uraufführung seiner Posse ›hin und her‹ – 1934 in Zürich – hatte Horváth noch beigewohnt. Aber die Auftragsarbeit für einen Wiener Verlag ›Mit dem Kopf durch die Wand‹ fällt – bei der Uraufführung in Wien 1935 – durch.
In den Kneipen entsteht die Komödie ›Figaro läßt sich scheiden‹, entsteht das Schauspiel ›Don Juan kommt aus dem Krieg‹ und ›Der jüngste Tag‹.

Noch einmal fährt Horváth im August 1936 nach Deutschland und besucht seine Eltern. Aber Ödön von Horváth bleibt nur wenige Stunden. Schon bei seiner Ankunft in Possenhofen teilt man ihm mit, daß ihm die Aufenthaltsbewilligung für Deutschland mit sofortiger Wirkung entzogen ist. Binnen vierundzwanzig Stunden muß er das Reichsgebiet verlassen haben. Ödön von Horváth fährt nach Wien zurück. Er arbeitet. Er schreibt ›Ein Dorf ohne Männer‹ und ›Pompeji‹. Am 13. November 1936 wird ›Glaube Liebe Hoffnung‹ in Ernst Jubals »Theater für 49« am Schottenring uraufgeführt, »mit Hedwig Schlichter in der Hauptrolle. Doch außer ein paar Prominenten – wie Ödöns unzertrennlicher Freund Franz Theodor Csokor, Werfels, und Zuckmayers – achtete kaum jemand darauf«, schreibt Hertha Pauli.[10] »Horváths Arbeit fand damals überhaupt nicht viel Beachtung – wovon er völlig unbeeinflußt schien. Er schrieb unbeirrt weiter, in den schmutzigen kleinen Weinstuben, die er liebte.«

1937. Das Jahr beginnt ohne viel Hoffnung. Wohl erfährt Horváth, daß man zwei seiner Stücke ins Tschechische übersetzen will. Das Deutsche Theater in Prag plant die Uraufführung von ›Figaro läßt sich scheiden‹ und ›Ein Dorf ohne Männer‹. ›Himmelwärts‹ wird in einem kleinen Wiener

Theater und ›Der jüngste Tag‹ in Mährisch-Ostrau gespielt werden. Die großen Bühnen Österreichs und der Schweiz aber nehmen nach wie vor keine Notiz von Horváth. Eine Situation, die Franz Theodor Csokor das »Schicksal des Schweigens« nennt, »das uns umgibt, während den hier und in Berlin Wohlgelittenen alle Türen und Verlage und Theater offenstehen; wir beide sind eigentlich schon Emigranten des Landes, darin wir wohnen.«[11] Im Gasthof Bräu in Henndorf bewohnt Ödön von Horváth ein kleines Zimmer. In der Gaststube trinkt er bis spät in die Nacht, schläft lange, nachmittags arbeitet er, manchmal auch nachts, während er weitertrinkt. Der Roman ›Jugend ohne Gott‹ entsteht und ›Ein Kind unserer Zeit‹. »Ich muß dies Buch schreiben«, skizziert Ödön von Horváth auf einem Blatt Papier.[12] »Es eilt, es eilt! Ich habe keine Zeit dicke Bücher zu lesen, denn ich bin arm und muß arbeiten, um Geld zu verdienen, um essen zu können, zu schlafen. Auch ich bin nur ein Kind meiner Zeit. Ich will nicht hungern, ich möcht gut leben.«

Als Lajos von Horváth seinen Bruder Ödön am 1. November in Henndorf besucht, scheint dieser verändert. »Er wirkte fast abgeklärt. Man konnte das Gefühl haben, daß er sein Leben bereits gelebt hatte.«[13] Ödön erzählt Lajos von seinem neuen Plan. Eine Reihe von »Romanen der Zeit«. Unter dem Titel »Adieu, Europa!« Es soll die Geschichte eines Schriftstellers werden, seine Geschichte, Horváths Geschichte. Alle aufgefundenen Konzepte tragen stark autobiographische Züge, verschlüsselte Hinweise auf Freunde und Bekannte, auf eigene Begegnungen, Erlebnisse und Erfahrungen.

Zu Beginn des Jahres 1938 kehrt Horváth nach Wien zurück. Er bezieht ein kleines Zimmer in der Pension Atlanta in der Währingerstraße. Er ist bedrückt und hat schwere finanzielle Sorgen. Sein ganzer Besitz ist ein kleiner Koffer und eine Schreibmaschine. Noch sind Hertha Pauli, Walter Mehring und Csokor in Wien. Auch sein Bruder Lajos. Noch manche seiner Freunde. Aber in diesen Tagen der äußeren Not und inneren Unruhe schreibt Horváth kaum mehr. Mit Freunden sitzt man ratlos in Cafés und witzelt verzweifelt über die bevorstehende Emigration. Und Ödön von Horváth sagt: »Ich übereil nix. Wenn sie hier sind und mich fangen wollen, schwimm ich nachts ein bißl durch die Thaya.«[14] Wenige Tage später verläßt Horváth die Stadt. Die Emigration

beginnt. Drei Wochen Budapest. Fünf Wochen Teplitz-Schönau. Dazwischen einige Tage in Prag. Ein kurzer Aufenthalt in Mailand. Zürich, 7. Mai. »Hier in der Schweiz ist es sehr still und friedlich, kaum vorstellbar für unsereinen. Die Villen der Millionäre liegen in wunderschönen Gärten, und lieblich lächelt der See – wie lange, wie lange noch?«[15] Nach zwei Wochen Schweiz – zwei Stunden Brüssel. Dann acht Tage Amsterdam. Am Morgen des 28. Mai trifft Horváth in Paris ein. Er ist voller Optimismus. Die Verlagsbesprechungen in Amsterdam sind gut gelaufen, in Paris stehen Filmverhandlungen bevor, seinen Freund Csokor wird er besuchen und dann in die Vereinigten Staaten reisen. Adieu, Europa! Bei Wein und grünem Paprika wird Wiedersehen gefeiert. Mit seinen Freunden Walter Mehring, Carl Frucht und Hertha Pauli. Am 31. Mai sitzen sie bis zum Morgengrauen im Hôtel de l'Univers zusammen. Die Gläser bleiben auf dem Tisch, denn abends soll weitergefeiert werden. Nachmittags geht Horváth ins Kino. Nach der Vorstellung erwartet ihn der Regisseur Robert Siodmak im Café Marignan. Sie sitzen auf der Terrasse und genießen den ruhigen Abend. Nach 19 Uhr verabschiedet sich Horváth. Das Angebot Siodmaks, ihn im Auto ins Hotel zu bringen, lehnt er ab. Er geht die Champs-Elysées entlang und überquert sie in Höhe der Avenue Marigny. Alles Weitere geschieht in Sekunden. Ein plötzlicher Windstoß. Krachen. Horváth sucht Schutz unter den Bäumen. Dann Stille. Horváth tritt vor. Einen Schritt. Einen zweiten. Da trifft ihn ein stürzender Ast und zerschlägt ihm das Hinterhaupt. Sieben Menschen stehen in unmittelbarer Nähe. Abseits spielen Kinder. Ödön von Horváth ist sofort tot. Es ist neunzehn Uhr dreißig.
Am 7. Juni wird Ödön von Horváth am Friedhof St. Quen im Norden von Paris bestattet.

Zwanzig Jahre später. Von Vielen vergessen, von ein paar Freunden geschätzt, beginnt sein posthumer Aufstieg. In den sechziger Jahren plötzlich wird Horváth »sichtbar als der kritischste deutschsprachige Dramatiker neben Brecht «[16] oder gar »besser als Brecht«[17], ist plötzlich also »auf dem Weg zum Klassiker«[18] und – 1971 – »aufgewertet in den Rang eines Klassikers«[19]. Heute ist sein Nachlaß archiviert, wissenschaftliche Arbeiten füllen ganze Regale, auf Symposien streitet man sich, ob der Dichter Horváth Kommunist oder Metaphysiker war[20]. Da wird das »Ironische«[21]

und das »Tragische«[22] im Werk Horváths dargestellt und das »Kitschige«[23] untersucht; Horváth als »Kritiker seiner Zeit«[24] ist ebenso Gegenstand der Untersuchungen, wie die »zeitgenössische Problematik«[25] in seinen Dramen, die »Gesellschaftskritik«[26] in seinen Volksstücken oder die »Rolle der Frau«[27] in seinem Werk. Neben einer Reihe von Arbeiten über Horváths Sprache[28], Themen und Technik[29], Struktur- und Bedeutungsanalysen[30], finden sich auch – beispielsweise – Arbeiten wie »die ›Demaskierung des Bewußtseins‹, dargestellt an den erotischen Verhältnissen im dramatischen Werk Ödön von Horváths«[31] oder auch »Die Bedeutung des Christentums«[32] in seinen Dramen. Neuere Arbeiten beschäftigen sich mit der Aufarbeitung der Horváth-Rezeption zu Lebzeiten und nach dem Kriege[33].

Über diese »Etablierung eines neuen Klassikers der Moderne« schrieb Marcel Reich-Ranicki 1972. Er schrieb: »Die Horváth-Renaissance war dringend nötig und ist sehr erfreulich. Daß sie eine Horváth-Mode bewirkt hat, war wohl unvermeidbar und ist bestimmt kein Unglück. Daß aber auch ein Horváth-Mythos entsteht, scheint mir ärgerlich und schädlich. Überraschend ist das allerdings nicht. Erst werden unwillkommene Dichter beschimpft und verjagt, totgeschwiegen und vergessen – und dann besungen und beweihräuchert, glorifiziert und monumentalisiert. Das ist eine schöne deutsche Tradition. So halten es manche neuerdings für richtig, Horváth als Jahrhundertgestalt zu preisen. Doch zur Denkmalsfigur taugt gerade dieser Autor am wenigsten, und als Gegenstand nationaler Verehrung nimmt er sich fast komisch aus – wobei übrigens das eine wie das andere nicht gegen ihn spricht.«[34]

Ödön von Horváth hatte 1938 geschrieben: »Man müßte ein Nestroy sein, um all das definieren zu können, was einem undefiniert im Wege steht.«[35] Ödön von Horváth, der – nach Anton Kuh – ein »Ausnahmefall unter den Exzedenten seines Geschlechts« war. »Ein amorphes Stück Natur; vulgär wie ein Noch-nicht-Literat, souverän wie ein Nicht-mehr-Literat; aus Elementarem und Dilettantischem gemengt. So könnte die Rohschrift eines großen satirischen Erzählers aussehen; aber auch die Reinschrift eines genialen Abenteurers, der sich für einen Schriftsteller ausgibt.« Ödön von Horváth, dessen Persönlichkeit – nach Marcel Reich-Ranicki – so »haarscharf dem preußischen Klischeebild vom typischen Österreicher« entsprach, war »leichtsinnig und lebenslustig, charmant und chevaleresk, verspielt und verschlampt, unseriös und unzuverlässig, ein kleiner Abenteurer und ein großer Genießer, ein etwas schwerfälliger Tausendsassa mit Humor und ein höchst sympathischer Schlawiner mit Phantasie, ein naiver Naturbursche und zugleich passionierter Großstadtmensch (›Ich liebe Berlin‹). Für die Literatur hat er sich kaum interessiert, ins Theater ging er selten und ungern – sogar wenn man seine eigenen Stücke spielte. Hingegen liebte er Rummelplätze, Volksgärten und Sportstadien, Kaffeehäuser, billige Restaurants und Vorstadtkneipen. [. . .] Nein, Horváth lebte nicht, um zu schreiben, aber er mußte unentwegt schreiben, um leben zu können« . . .

Hinweise zum Nachwort

1 Klaus Mann, Ödön von Horváth. In: Das Neue Tage-Buch. Jg.6. Heft 24. Juni 1938
2 Anton Kuh, Rezension. In: Der Querschnitt. 10. Jg. Heft 12.
3 Zitiert nach Ödön von Horváth, Gesammelte Werke Band 5, Seite 9. werkausgabe der edition suhrkamp (= WA) Frankfurt 1972.
4 Carl Müller-Rastatt, Rezension. In: Hamburger Korrespondent. 5. 11. 1927.
5 Ernst Heilborn, Rezension. In: Die Literatur. Jg.31 (1928/ 29).
6 Die Literatur. Jg.34 (Dezember 1931)
7 Alfred Kerr, Rezension. In: Berliner Tageblatt. 3. 11. 1931.
8 Klaus Mann, Der Wendepunkt. Frankfurt (S.Fischer) 1963.
9 WA 6,298.
10 Brief Hertha Paulis an Traugott Krischke. 5.6.1956.
11 Franz Theodor Csokor, Zeuge einer Zeit. Briefe aus dem Exil. München (Langen-Müller) 1964.
12 Im Nachlaß Ödön von Horváths.
13 Lajos von Horváth in einem Gespräch mit Traugott Krischke.
14 Ulrich Becher, Stammgast im Liliputanercafé. In: Ödön von Horváth, Stücke. Reinbek (Rowohlt) 1961.
15 WA 8,682.
16 Zitiert nach dem Klappentext zu Ödön von Horváth, Geschichten aus dem Wiener Wald. Frankfurt (Suhrkamp) 1970.

17 Peter Handke, *Horváth ist besser als Brecht*. In: Henning Rischbieter (Hg.), *Theater im Umbruch*. Eine Dokumentation aus »Theater heute«. München (dtv) 1970.

18 Friedrich Torberg, *Kasimir und Karoline* (1964). In: F.T., *Der Beifall war endenwollend*. München (dtv) 1970.

19 Peter Wapnewski, *Nachdenken über Ödön von Horváth*. In: *Publik*. 19. 11. 1971

20 Vgl. hierzu *Ödön von Horváth – schutzlos*. Eine Sendung des ZDF am 9.12.1971, bei der unter Leitung von Hans Werner Richter Dieter Hildebrandt, Reinhart Hoffmeister, Walther Huder, Helmuth Karasek und Peter Palitzsch diskutierten; sowie den Band *Horváth-Diskussion* mit den Beiträgen vom Schlußkolloquium des Grazer Horváth-Symposions 1975.

21 Zum Beispiel Dolly Elisabet Ballin, Renate Seitz, Ina Dolores Schleising-Scheffel.
Hier, wie im folgenden, sei nur auf einige Beispiele wissenschaftlicher Aufarbeitung von Horváths Werken hingewiesen; nähere Angaben sind, wenn nicht anders vermerkt, der *Ausgewählten Bibliographie* (Seite 242 ff. dieses Bandes) zu entnehmen.

22 Gerhard Melzer.

23 Horst Jarka, *Ödön von Horváth und das Kitschige*. In: *Zeitschrift für deutsche Philologie* 9. 1. 1972.

24 Axel Fritz.

25 Dorota Cyron-Hawryluk.

26 Helga Hollmann, Vincent Kling.

27 Evelyne van Gelderen, Paul Lensing, Joan Cantwell Neikirk.

28 Wolfgang Boelke, Hajo Kurzenberger, Winfried Nolting.

29 Karin Hauss Czerny, Susanne Feigl, Hans Ulrich Probst.

30 Angelika Steets.

31 Gabriele Stuhlmann-Laeisz.

32 Franz Weissensteiner.

33 Horst Jarka, *Zur Horváth-Rezeption 1929-1938*. In: *Literatur und Kritik*, Heft 109 (Oktober 1976). Weitere Arbeiten über die Rezeption der Werke Ödön von Horváths sind im Entstehen.

34 Marcel Reich-Ranicki, *Horváth, Gott und die Frauen*. In: *Die Zeit*. 14. 4. 1972.

35 *WA* 8,680f.

Ausgewählte Bibliographie

Im ersten Teil werden, den Erscheinungsdaten nach, sämtliche bisher festgestellten Publikationen zu Lebzeiten Ödön von Horváths erfaßt, ausgenommen die maschinenschriftlich »als unverkäufliches Manuskript vervielfältigten« Bühnentexte.

Im zweiten Teil bleiben jene Publikationen unerwähnt, die entweder nur auszugsweise oder in Anthologien und Periodica veröffentlicht wurden, hingegen sind jene Zeitschriften angeführt, die Übersetzungen von Werken Horváths erstmals abdruckten. Die Anordnung nach Erscheinungsdaten soll der leichteren Übersicht über die Publikationschronologie und über die Rezeption der Werke Horváths dienen.

Das Verzeichnis der Sekundärliteratur ist alphabetisch nach den Namen der Verfasser bzw. Herausgeber geordnet und erfaßt alle greifbaren selbständigen Veröffentlichungen über Horváth und dessen Werke, die wissenschaftlichen Arbeiten aber auch dann, wenn diese nur maschinenschriftlich vervielfältigt vorliegen.

Aufsätze, die in Periodica veröffentlicht wurden, und Rezensionen bleiben unberücksichtigt. Sie sind für die Hauptwerke Ödön von Horváths in den Materialienbänden der *edition suhrkamp* greifbar.

I. Publikationen zu Lebzeiten Horváths

1922 *Das Buch der Tänze*, München (El Schahin) 1922. [Von Ödön J. M. von Horváth].

1924 *Der Faustkampf, das Harfenkonzert und die Meinung des lieben Gottes.* In: Simplicissimus. München 22. 9. 1924 (Nr. 26).
Aus einem Rennradfahrerfamilienleben. In: Simplicissimus. München 13. 10. 1924 (Nr. 29).
Vom artigen und unartigen Ringkämpfer. In: Simplicissimus. München 15. 11. 1924 (Nr. 34).
Drei Sportmärchen. [Was ist das? Start und Ziel. Vom artigen Ringkämpfer]. In: BZ am Mittag. Berlin 21. 11. 1924 (Nr. 320).

1925 *Legende vom Fußballplatz.* In: Simplicissimus. München 20. 4. 1925 (Nr. 3).

1926 *Legende vom Fußballplatz.* In: Berliner Volkszeitung 18. 11. 1926 (Nr. 544).
Vom artigen und unartigen Ringkämpfer. In: Berliner Volkszeitung 21. 11. 1926 (Nr. 550).
Start und Ziel. In: Berliner Volkszeitung 5. 12. 1926 (Nr. 574).
Der Herr von Bindunghausen. In: Simplicissimus. München 6. 12. 1926 (Nr. 36).

1927 *Autobiographische Notiz (auf Bestellung).* In: Der Freihafen. Blätter der Hamburger Kammerspiele. Jg. 10. November 1927 (Heft 3).

1928 *Zwei Sportmärchen: Vom artigen Ringkämpfer. Vom unartigen Ringkämpfer.* In: Die Jugend. München 1928 (Nr. 25).

1929 *Drei Szenen aus »Sladek«.* [Erster Akt]. In: Das Theater. Berlin Februar 1929 (Nr. 4).

[Zensur und Proletariat]. In: Die Menschenrechte. Berlin 20. 2. 1929.

Fiume, Belgrad, Budapest, Preßburg, Wien, München. In: Der Querschnitt. Berlin 1929 (Heft 9).

Ein Fräulein wird bekehrt. In: 24 neue deutsche Erzähler. (Hg. von Hermann Kesten). Berlin (Gustav Kiepenheuer) 1929.

1930 *Der ewige Spießer.* Erbaulicher Roman in drei Teilen. Berlin (Propyläen) 1930.

Hinterhornbach. In: Berliner Tageblatt 30. 3. 1930.

1931 *Italienische Nacht.* Volksstück. Berlin (Propyläen) 1931.

Geschichten aus dem Wiener Wald. Volksstück in drei Teilen. Berlin (Propyläen) 1931.

Aus den Memoiren des Hierlinger Ferdinand. In: Blätter des Deutschen Theaters. Berlin November 1931 (Heft 3).

1932 *Der Fliegenfänger.* In: Uhu. Berlin Juni 1932 (Heft 9).

[Zu Gerhart Hauptmanns 70. Geburtstag]. In: Heft des Deutschen Theaters zu Ehren Gerhart Hauptmanns. Berlin 1932.

1933 *Ohne Titel.* Ein Zeitstück in drei Akten (Theater von heute. Aktuelle Sketche von heutigen Dramatikern). In: Die Literarische Welt. Berlin Januar 1933.

1938 *Jugend ohne Gott.* Roman. Amsterdam (Allert de Lange) 1938.

Ein Kind unserer Zeit. Roman. Amsterdam (Allert de Lange) 1938.

2. Primärliteratur

1. Gesamtausgaben

1970 *Gesammelte Werke* [in vier Bänden]. (Hg. von Traugott Krischke und Dieter Hildebrandt). Frankfurt (Suhrkamp) 1970/71.

1972 *Gesammelte Werke.* Werkausgabe der edition suhrkamp [in acht Bänden]. (Hg. von Traugott Krischke und Dieter Hildebrandt). Frankfurt (Suhrkamp) 1972.

2. Sammlungen und ausgewählte Werke

1953 *Zeitalter der Fische.* Zwei Romane in einem Band. Wien (Bergland) 1953. (Mit einem Vorwort von Franz Werfel und der Grabrede Carl Zuckmayers).

1961 *Unvollendet . . .* Graz (Stiasny) 1961. (Stiasny-Bücherei 97. Eingeleitet und ausgewählt von Franz Theodor Csokor).

Stücke. Reinbek (Rowohlt) 1961. (Rowohlt Paperback 3. Mit einer Einführung von Traugott Krischke und einem Nachwort von Ulrich Becher).

1965 *Zeitalter der Fische.* Zwei Romane in einem Band. München (Kindler) 1965. (Kindler Taschenbuch 62. Mit einem Vorwort von Franz Werfel und der Grabrede Carl Zuckmayers).

1968 *Zeitalter der Fische.* Drei Romane und eine Erzählung. Wien (Bergland) o. J. [1968]. (Mit einer Gedächtnisrede Carl Zuckmayers statt eines Nachworts).

1969 *Dramen.* Berlin (Volk und Welt) 1969. (Ausgewählt von Dora Huhn und Hansjörg Schneider. Mit einem Nachwort von Hansjörg Schneider).

Zeitalter der Fische. Drei Romane und eine Erzählung. Wien – Frankfurt – Zürich (Büchergilde Gutenberg) 1969. (Mit einer Gedächtnisrede von Carl Zuckmayer statt eines Nachworts).

1971 *Von Spießern, Kleinbürgern und Angestellten.* Frankfurt (Suhrkamp) 1971. (Bibliothek Suhrkamp 285. Auswahl und Nachwort von Traugott Krischke).

1975 *Die stille Revolution.* Kleine Prosa. Frankfurt (Suhrkamp) 1975. (suhrkamp taschenbuch 254. Mit einem Nachwort von Franz Werfel. Zusammengestellt und mit einem Vorwort versehen von Traugott Krischke).

1976 *Geschichten aus dem Wiener Wald und andere Dramen.* (Hg. von Traugott Krischke und Dieter Hildebrandt). Berlin – Darmstadt – Wien (Deutsche Buch-Gemeinschaft u.a.) 1976.

Ein Lesebuch. (Hg. von Traugott Krischke). Frankfurt (Suhrkamp) 1976.

3. Einzelausgaben

1938 *Ein Kind unserer Zeit.* Roman, New York – Toronto (Longmans, Green & Co) 1938.

1948 *Jugend ohne Gott.* Roman. Wien (Bergland) 1948.

1951 *Ein Kind unserer Zeit.* Roman. Wien (Bergland) 1951. Mit einem Vorwort von Franz Werfel und der Grabrede Carl Zuckmayers). Auch: Vaduz (Liechtenstein) 1951

1955 *Der jüngste Tag.* Schauspiel in sieben Bildern. Emsdetten (Lechte) 1955. (Dramen der Zeit. Band 15. Mit einem Vorwort von Helmut Schlien).

1959 *Figaro läßt sich scheiden.* Komödie in drei Akten. Wien (Bergland) 1959. (Mit einem Vorwort von Traugott Krischke).

1965 *Der ewige Spießer.* Erbaulicher Roman in drei Teilen. Wien (Bergland) 1965. (Neue Dichtung aus Österreich 119/120. Mit einem Vorwort von Franz Theodor Csokor).

1968 *Ein Kind unserer Zeit.* Roman. München (dtv) 1968. (dtv 525. Mit einem Vorwort von Franz Werfel und der Grabrede Carl Zuckmayers).

1969 *Rechts und Links.* Sportmärchen. Berlin (Hessling) 1969. (25. Druck der Berliner Handpresse. Mit zwölf vierfarbigen Original-Linolschnitten von Wolfgang Jörg und Erich Schönig. Mit einem Nachwort von Walter Huder).

1970 *Geschichten aus dem Wiener Wald.* Volksstück in drei Teilen. Frankfurt (Suhrkamp) 1970. (Bibliothek Suhrkamp 247. Mit einer Nacherzählung von Peter Handke).

1971 *Der ewige Spießer.* Erbaulicher Roman in drei Teilen. Berlin (Volk und Welt) 1971. (Volk und Welt Spektrum 31. Mit einer Nachbemerkung von Hansjörg Schneider).

Jugend ohne Gott. Roman. Frankfurt (Suhrkamp) 1971. (suhrkamp taschenbuch 17).

1972 *Sportmärchen.* Frankfurt (Insel) 1972. (Mit einem Nachwort von Traugott Krischke. Insel-Bücherei 963).

Kasimir und Karoline. Volksstück. Frankfurt (Suhrkamp) 1972. (Bibliothek Suhrkamp 316. Herausgegeben und mit einem Nachwort versehen von Traugott Krischke. Mit Vorarbeiten und Varianten. Vorwort von Alfred Polgar).

1973 *Ein Kind unserer Zeit.* Roman. Frankfurt (Suhrkamp) 1973. (suhrkamp taschenbuch 99).

Der ewige Spießer. Erbaulicher Roman in drei Teilen. Frankfurt (Suhrkamp) 1973. (suhrkamp taschenbuch 131).

Glaube Liebe Hoffnung. Ein kleiner Totentanz. Frankfurt (Suhrkamp) 1973. (Bibliothek Suhrkamp 361. Herausgegeben und mit einem Nachwort versehen von Traugott Krischke. Mit Entwürfen, Vorarbeiten und Varianten).

1974 *Sladek oder Die schwarze Armee.* Historie in drei Akten. Frankfurt (Suhrkamp) 1974. (suhrkamp taschenbuch 163. Herausgegeben mit Dokumentation und Nachwort von Dieter Hildebrandt).

Italienische Nacht. Volksstück. Frankfurt (Suhrkamp) 1974. (Bibliothek Suhrkamp 410. Edition und Nachwort von Traugott Krischke. Mit der Erstveröffentlichung »Das Wochenendspiel« sowie Entwürfen, Vorarbeiten und Varianten).

Jugend ohne Gott. Roman. (Hg. von Ian Huish). London (Harrap & Co Ltd) 1974. (Modern Literature Series).

1975 *Don Juan kommt aus dem Krieg.* Schauspiel. Frankfurt (Suhrkamp) 1975. (Bibliothek Suhrkamp 445. Edition und Nachwort von Traugott Krischke. Mit Entwürfen, Skizzen und Fragmenten).

1976 *Jugend ohne Gott.* Roman. Frankfurt (Suhrkamp) 1976. (Suhrkamp Literatur Zeitung Nr. 7/2. Programm. Mit einer Einführung von Traugott Krischke und Materialien).

1977 *Geschichten aus dem Wiener Wald.* Volksstück in drei Teilen. Frankfurt (Suhrkamp) 1977. (Erweiterte Neuausgabe der Bibliothek Suhrkamp 247. Edition und Nachwort von Traugott Krischke. Mit dem Abdruck von »Geschichten aus dem Wiener Wald. Volksstück in sieben Bildern«. Vorarbeiten, Fragmenten und Varianten sowie einer Nacherzählung von Peter Handke).

4. Übersetzungen

1930 *A kisasszony megtérítése.* (d.i. *Ein Fräulein wird bekehrt*). In: Korunk. Klausenburg 1930.

1938 *A Child of our Time and being Youth without God.* (Ü: R. Wills Thomas). London (Methuen & Co Ltd) 1938.

Er is een Moord begann. (Ü: J. Winkler). Amsterdam (Arbeiderspeers) 1938.

Młodzież bez Boga. (Ü: I. Berman). Lwów (Wydawnictwo »Wierch«) 1938.

Mládí bez Boha. (Ü: V. Schwarz). Praha 1938.

[Argentinische Ausgabe: *Jugend ohne Gott* und *Ein Kind unserer Zeit.* Nähere Angaben fehlen.]

1939 *A Child of our Time.* (Ü: R. Wills Thomas). New York (Dial Press) 1939.

The Age of Fish. (Ü: R. Wills Thomas). New York (Dial Press) 1939.

Jeunesse sans Dieu. (Ü: Armand Pierhal). Paris (Plon) 1939.

Mladeż bez Boga. (Ü: M. Leskovac, H. Petris). Zagreb (Izdanje »Savremente Biblioteke«) 1939.

Gudløs Ungdom. (Ü: Mogens Klitgaard). København (Povl Branner) 1939.

[Schwedische Ausgabe: *Jugend ohne Gott.* Nähere Angaben fehlen.]

1940 *Soldat du Reich.* (Ü: Armand Pierhal). Paris (Plon) 1940.

1941 *Soldat del Reich.* (Ü: José Mora Guaraido). Montevideo (Editorial Salamandra) 1941.

Ti san-ti-kuo-ti ping si (d.i. *Ein Kind unserer Zeit).* Shanghai (Kaj-tschin) 1941.

1948 *Gioventu senza Dio.* (Ü: Bruno Maffi) Milano (Bompiani) 1948.

Un Figlio del nostro tempo. (Ü: Bruno Maffi). Milano (Bompiani) 1948.

Et Barn af vor Tid. (Ü: Gustav Hansen). København (Povl Branner) 1948.

1949 *Ti san-ti-kuo-ti ping si.* Shanghai (Wen-hua-seng-hue) 1949 und 1953.

1967 *La nuit italienne suivi de Cent cinquante marks et de Don Juan revient de guerre.* (Ü: Renée Saurel). Paris (Gallimard) 1967.

1968 *Povídky z Vídeňského lesa a jiné hry* (enthält: *Geschichten aus dem Wiener Wald, Die Unbekannte aus der Seine, Figaro läßt sich scheiden;* Ü: Jiří Stach, Karla Kvasničková, Jarmila Hrubešová Praha (Orbis) 1968.

1971 *Mesél a bécsi erdö* (d. i. *Geschichten aus dem Wiener Wald;* Ü: Mészöly Desző). In: Nagyvilág Januar 1971.

1972 *Dósa.* (Ü: Walkó György). In: Nagyvilág September 1972.

1973 *Notte italiana.* (Ü: Umberto Gandini, Emilio Castellani). In: Sipario. Milano August/September 1973.

Mésel a bécsi erdö. (Ü: Mészöly Desző). In: Világszínpad 3. Magvetö Könyvkiadó Budapest 1973.

1974 *Teatro Popolare* (enthält: *Italienische Nacht, Geschichten aus dem Wiener Wald, Kasimir und Karoline, Glaube Liebe Hoffnung;* Ü: Umberto Gandini, Emilio Castellani). Milano (Adelphi) 1974.

L'eterno filesteo. Tutti i romanzi (enthält: *Der ewige Spießer, Jugend ohne Gott, Ein Kind unserer Zeit;* Ü: Giorgio Backaaus, Bruno Maffi). Milano (Bompiani) 1974.

Gioventu senza Dio. (Ü: Bruno Maffi). Milano (Bompiani) 1974. (i piccolo delfini 19).

Az örök kispolgár (d.i. *Der ewige Spießer;* Ü: Thurzó Gábor). Budapest (Gondolat) 1974.

1977 *Tales from Vienna Woods.* (Ü: Christopher Hampton). London (Faber and Faber) 1977.

3. Sekundärliteratur

1. Einführungen, Monographien und Biographien

Hildebrandt, Dieter: *Ödön von Horváth in Selbstzeugnissen und Bilddokumenten.* Reinbek (Rowohlt) 1975. (rororo bildmonographien 231).

Hildebrandt, Dieter, und Traugott Krischke (Hg.): *Über Ödön von Horváth.* Frankfurt (Suhrkamp) 1972. (edition suhrkamp 584).

Huder, Walther: *Inflation als Lebensform.* Ödön von Horváths Kritik am Spießertum. Ein Querschnitt durch das Gesamtwerk. Gütersloh (Sonderdruck) 1972. (Aus Anlaß der Eröffnung der Ödön von Horváth-Ausstellung in Gütersloh).

Kahl, Kurt: *Ödön von Horváth.* Velber (Friedrich) 1966. (Friedrichs Dramatiker des Welt-Theaters 18). Neuausgabe München (dtv) 1976.

Krammer, Jenö: *Ödön von Horváth.* Leben und Werk aus ungarischer Sicht. Wien (Internationale Lenau-Gesellschaft) 1969. (Wissenschaftliche Reihe 1).

Krammer, Jenö: *Ödön von Horváth.* Monographie. Budapest (Akadémiai Kiadó) 1971. (Modern Filológiai Füzetek 13).

Krischke, Traugott (Hg.): *Materialien zu Ödön von Horváth.* Frankfurt (Suhrkamp) 1970. (edition suhrkamp 436).

Krischke, Traugott, und Hans F. Prokop (Hg.): *Ödön von Horváth.* Leben und Werk in Dokumenten und Bildern. Frankfurt (Suhrkamp) 1972. (suhrkamp taschenbuch 67).

Poppe, Andries: *Ödön von Horváth.* Monographie. Brugge (Ontmoetingen) 1965. (Literaire monografieen).

Prokop, Hans F. (Hg.): *Katalog* anläßlich der Ödön von Horváth-Ausstellung im Museum des 20. Jahrhunderts. Wien 1971.

2. Darstellungen und Einzeluntersuchungen zum Werk

Ballin, Dolly Elisabeth: *Irony in the dramatic work of Ödön von Horváth.* Diss. Washington 1969.

Bartsch, Kurt, Uwe Baur und Dietmar Goltschnigg (Hrsg.), *Horváth-Diskussion.* (Monographien Literaturwissenschaft 28). Kronberg/Ts. (Scriptor) 1976.

Boelke, Wolfgang: Die *»entlarvende« Sprachkunst Ödön von Horváths.* Studien zu seiner dramaturgischen Psychologie. Diss. Frankfurt 1969.

Cyron-Hawryluk, Dorota: *Zeitgenössische Problematik in den Dramen Ödön von Horváths.* Wrocław 1974. (Acta Universitatis Wratislaviensis 209. Germanica Wratislaviensia XIX). Auch Diss. Wrocław 1971.

Czerny, Karin Hauss: *Ödön von Horváth: Themen und Technik.* Diss. New York 1976.

Dietrich, Stefan: *Die frühen Stücke Horváths.* Diss. Zürich 1968.

Feigl, Susanne: *Das Thema der menschlichen Wandlung in den Romanen Ödön von Horváths.* Diss. Wien 1970.

Fritz, Axel: *Ödön von Horváth als Kritiker seiner Zeit.* Studien zum Werk und seinem Verhalten zum politischen, sozialen und kulturellen Zeitgeschehen. München (List) 1973. (List Taschenbuch der Wissenschaft. Literaturwissenschaft. Band 1446). Auch Diss. Stockholm 1971.

Gelderen, Evelyne van: *Die Rolle der Frau in den Werken Ödön von Horváths*. Diplomarbeit Berlin 1974.

Herschbach, Robert Alexander, *The Volksstück of Ödön von Horváth*. Text and context. Diss. Massachusetts 1973.

Heyne, Arnd: *Der Dramatiker Ödön von Horváth*. Zur Demaskierung des Bewußtseins. Diss. Freiburg i.Br. 1969.

Hollmann, Helga: *Gesellschaftskritik in den Volksstücken Ödön von Horváths*. Magisterarbeit Berlin o.J. (1970).

Houtman, Cornelis: *Horváth innerhalb der österreichischen Bühnentradition*. Diss. Utrecht 1971.

Hummel, Reinhard: *Die Volksstücke Ödön von Horváths*. Baden-Baden (Hertel) 1970. Auch Diss. Berlin 1970.

Kling, Vincent: *Die Illusion des Waffenstillstands*. Individuum und Gesellschaft in den Werken Horváths. Diss. Pennsylvania 1972.

Krischke, Traugott (Hg.): *Materialien zu Ödön von Horváths »Geschichten aus dem Wiener Wald«*. Frankfurt (Suhrkamp) 1972. (edition suhrkamp 533).

Krischke, Traugott (Hg.): *Materialien zu Ödön von Horváths »Kasimir und Karoline«*. Frankfurt (Suhrkamp) 1973. (edition suhrkamp 611).

Krischke, Traugott (Hg.): *Materialien zu Ödön von Horváths »Glaube Liebe Hoffnung«*. Frankfurt (Suhrkamp) 1973. (edition suhrkamp 671).

Kurzenberger, Hajo: *Horváths Volksstücke*. Beschreibung eines poetischen Verfahrens. München (Fink) 1974. (Kritische Information 17). Auch Diss. Heidelberg 1972.

Lensing, Paul: *Die Rolle der Frau im Werk Horváths*. Diss. Münster 1971.

Leoni, Maria Eugenia: *Ödön von Horváth – » Spießertum« e »Demaskierung des Bewußtseins«*. Diss. Bologna 1966.

Lottmann, Birgit: *Das Verhältnis von Bewußtsein und Sprache bei Nestroy und Horváth am Beispiel zweier Komödien (Nestroys »Talisman« und Horváths »Kasimir und Karoline«)*. Arbeit zur Ersten Philologischen Staatsprüfung Münster 1974.

Melzer, Gerhard: *Das Phänomen des Tragischen*. Untersuchungen zum Werk von Karl Kraus und Ödön von Horváth. Kronberg/ Ts. (Scriptor) 1976. Auch Diss. Graz 1975.

Neikirk, Joan Cantwell: *The role of women in the works of Ödön von Horváth*. Diss. Wisconsin 1971.

Nolting, Winfried: *Der totale Jargon*. Die dramatischen Beispiele Ödön von Horváths. München (Fink) 1976 (Literatur und Presse. Karl Kraus Studien II). Auch Diss. Münster 1974.

Probst, Hans Ulrich: *Dramentheorie und Dramentechnik Horváths*. Diss. Basel 1970.

Reuther, Gabriele: *Ödön von Horváth*. Gestalt, Werk und Verwirklichung auf der Bühne. Diss. Wien 1962

Roth, Friedhelm E.: *Die Darstellung des Kleinbürgertums bei Marieluise Fleißer und Ödön von Horváth*. Examensarbeit. o.O., o.J.

Schleising-Scheffel, Ina-Dolores: *Zum Verhältnis von Individuum und Gesellschaft in den Volksstücken Ödön von Horváths*. Examensarbeit

Berlin 1974.

Schmidt, Edeltraut E.: *Studien zu den Dramen Ödön von Horváths*. Die Technik der ironischen Entlarvung. Examensarbeit Bonn 1967.

Seitz, Renate: *Studien zu den Dramen Ödön von Horváths*. Die Technik der ironischen Entlarvung. Hausarbeit Bonn 1967.

Steets, Angelika: *Die Prosawerke Ödön von Horváths*. Versuch einer Bedeutungsanalyse. Stuttgart (Akademischer Verlag) 1975. Auch Diss. München.

Strelka, Joseph: *Brecht Horváth Dürrenmatt*. Wege und Abwege des modernen Dramas. Wien – Hannover – Bern (Forum) 1962.

Stuhlmann-Laeisz, Gabriele: *Die »Demaskierung des Bewußtseins«, dargestellt an den erotischen Verhältnissen im dramatischen Werk Ödön von Horváths*. Examensarbeit Hamburg 1972.

Walder, Martin: *Die Uneigentlichkeit des Bewußtseins*. Zur Dramaturgie Ödön von Horváths. Bonn (Bouvier) 1974. (Studien zur Germanistik, Anglistik und Komparistik 22). Auch Diss. Zürich 1972.

Weissensteiner, Franz: *Die Bedeutung des Christentums in den Dramen Ödön von Horváths*. Hausarbeit Innsbruck 1973.

Winston, Krishna Ricarda: *Abstract Horváth Studies*. Close Readings of six Plays (1926–1931). Diss. Yale 1974.

Namen-, Orts- und Werkregister
(innerhalb des Bildteils Seite 13 bis Seite 219)

Bildnachweis

Elisabeth von Horváth, Preß-
baum / Ödön von Horváth –
Archiv, Berlin: 1, 2, 3, 5, 6, 7,
9, 11, 12, 13, 14, 15, 16, 18, 19,
23, 24, 25, 33, 34, 36, 38, 41,
43, 44, 45, 46, 48, 49, 50, 51,
52, 53, 56, 62, 64, 65, 66, 67,
69, 77, 79, 84, 88, 89, 93, 94, 99,
100, 108, 113, 115, 116, 121, 123,
124, 125, 126, 127, 130, 133, 137,
138, 139, 140, 141, 142, 143, 144,
145, 146, 147, 148, 149, 150, 151,
152, 153, 154, 155, 156, 157, 162,
164, 168, 178, 179, 186, 187, 188.

dpa: 29.

Dokumentationsstelle für neuere
österreichische Literatur, Wien:
104.

Süddeutscher Verlag Bilder-
dienst, München: 4, 17, 39, 42,
47, 81, 86, 106, 107, 118, 167,
172, 175.

Ullstein Bilderdienst, Berlin: 28,
30, 31, 32, 55, 58, 59, 60, 61,
71, 72, 73, 80, 87, 92, 95, 96,
97, 98, 101, 102, 103, 117,
119, 120, 122, 159, 161, 177.

Sekretariat Zuckmayer 134.

Privatbesitz: 21, 22, 26, 27, 37,
40, 63, 90, 109, 110, 114, 131,
132, 135, 136, 160, 169, 170,
180, 181, 182, 183, 184, 185,
189.

Nachbemerkung

Für die Unterstützung bei der Ge-
staltung dieses Bildbandes
danken die Herausgeber Frau
Elisabeth von Horváth, Preß-
baum, der Akademie der Künste in
Berlin (Herrn Dr. Walther Huder),
Frau Dr. L. Boehm (Ludwig-Maxi-
milians-Universität) München,
Frau Bronia Krauthamer, Paris,
Herrn Herbert Kollmann, Wien,
Herrn Lukas Kristl, München,
Frau Alexandra von Miquel, Köln,
Herrn Helmuth Reininger, Mün-
chen, Herrn A. Schmid, Murnau,
Herrn Ulrich N. Schulenburg, Wien,
Herrn Thomas von Sessler, Pfarr-
kirchen, sowie den Archiven,
Bild-Agenturen und Verlagen
für die Überlassung der Abdruck-
rechte.

Chroniken, Historisches und Biographisches

Lou Andreas-Salomé. Lebensrückblick
Grundriß einiger Lebenserinnerungen. Aus dem Nachlaß herausgegeben von Ernst Pfeiffer. Neu durchgesehene Ausgabe mit einem Nachwort des Herausgebers. Mit siebzehn Abbildungen. it 54

Maria Walewska. Napoleons große Liebe
Aus dem Polnischen von Klaus Staemmler. it 24

Gespräche mit Marx und Engels
Herausgegeben von Hans Magnus Enzensberger. Mit einem Personen-, Elogen- und Injurienregister sowie einem Quellenverzeichnis. Zwei Bände. it 19/20

Adele Gundert. Marie Hesse
Ein Lebensbild in Briefen und Tagebüchern. Mit einem Essay von Siegfried Greiner. Illustriert von Gunter Böhmer. it 261

Hermann Hesse. Dank an Goethe
Betrachtungen, Rezensionen, Briefe. Mit einem Essay von Reso Karalaschwili. it 129

Hermann Hesse. Leben und Werk im Bild
Von Volker Michels. Mit dem »Kurzgefaßten Lebenslauf« von Hermann Hesse. it 36

Hölderlin
Chronik seines Lebens mit ausgewählten Bildnissen. Herausgegeben von Adolf Beck. it 83

Hölderlin. Dokumente seines Lebens
Briefe, Tagebuchblätter, Aufzeichnungen. Herausgegeben von Hermann Hesse und Karl Isenberg. it 221

Ricarda Huch. Der Dreißigjährige Krieg
Mit Illustrationen von Jacques Callot. Zwei Bände. it 22/23

Max Klinger. Leben und Werk in Daten und Bildern
Herausgegeben von Stella Wega Mathieu. Mit zahlreichen Abbildungen. it 204

Deutsche Literatur

Clemens Brentano. Gockel Hinkel Gackeleia
Märchen. Mit Initialen und Lithographien von Caspar Braun nach Entwürfen von Clemens Brentano. Mit einem Nachwort von Franz Deibel. Zeittafel von Wolfgang Frühwald. it 47

Georg Büchner/Ludwig Weidig. Der Hessische Landbote
Texte, Briefe, Prozeßakten. Kommentiert von Hans Magnus Enzensberger. it 51

Adelbert von Chamisso. Peter Schlemihls wundersame Geschichte
Nachwort von Thomas Mann. Illustriert von Emil Preetorius. it 27

Matthias Claudius. Der Wandsbecker Bote
Mit einem Vorwort von Peter Suhrkamp und einem Nachwort von Hermann Hesse. Mit den Abbildungen der Erstausgabe. it 130

Joseph Freiherr von Eichendorff. Aus dem Leben eines Taugenichts
Mit Illustrationen von Adolf Schrödter und einem Nachwort von Ansgar Hillach. it 202

Joseph Freiherr von Eichendorff. Gedichte
Mit Illustrationen von Otto Ubbelohde. it 255

Theodor Fontane. Effi Briest
Mit Lithographien von Max Liebermann. it 138

Theodor Fontane. Der Stechlin
Mit einem Nachwort von Walter Müller-Seidel. it 152

Johann Wolfgang Goethe. Dichtung und Wahrheit
Mit zeitgenössischen Illustrationen, ausgewählt von Jörn Göres. Drei Bände in illustrierter Kassette. it 149/150/151

Johann Wolfgang Goethe. Faust
Erster Teil. Mit Illustrationen von Eugène Delacroix und einem Nachwort von Jörn Göres. it 50

Deutsche Literatur

Johann Wolfgang Goethe. West-östlicher Divan.
Herausgegeben und erläutert von Hans-J. Weitz. Mit
Essays zum »Divan« von Hugo von Hofmannsthal, Oskar Loerke und Karl Krolow. Mit Abbildungen. it 75

Grimmelshausen. Courasche
Trutz-Simplex oder Ausführliche und wunderseltzame
Lebensbeschreibung der Erzbetrügerin und Landstörtzerin Courasche. Mit einem Nachwort von Wolfgang
Koeppen. Mit Illustrationen aus dem 17. Jahrhundert.
it 211

Johann Peter Hebel. Kalendergeschichten
Ausgewählt und mit einem Nachwort von Ernst Bloch.
Mit neunzehn Holzschnitten von Ludwig Richter. it 17

Heinrich Heine. Aus den Memoiren des Herren von
Schnabelewopski
Mit Illustrationen von Julius Pascin. it 189

Heinrich Heine. Buch der Lieder
Mit zeitgenössischen Illustrationen. Mit einem Nachwort
von Eberhard Galley. it 33

E. T. A. Hoffmann. Lebensansichten des Katers Murr
nebst fragmentarischer Biographie des Kapellmeisters
Johannes Kreisler in zufälligen Makulaturblättern. Mit
Illustrationen von Maximilian Liebenwein. Mit Anmerkungen. it 168

E. T. A. Hoffmann. Der Unheimliche Gast
und andere phantastische Erzählungen. Herausgegeben
von Ralph-Rainer Wuthenow. Mit zeitgenössischen Illustrationen. it 245

Jean Paul. Der ewige Frühling
Ausgewählt von Carl Seelig. Illustriert von Karl Walser
und mit einem Vorwort versehen von Hermann Hesse.
it 262

insel taschenbücher
Alphabetisches Verzeichnis